これでうまくいく！
自治体の住民説明会の進め方

秋田将人

学陽書房

はじめに

　住民説明会は、自治体にとって「住民の声を行政に活かす」ために欠かせないものであり、案件・テーマに応じてさまざまな部署で行われています。しかし、マニュアルなどはあまり整備されておらず、初めて担当することになった職員は、いろいろな不安を抱きがちです。

「効果的に周知するには、どうすればよいだろうか」

「住民の声を計画に反映するには、どうしたらよいだろうか」

こうした悩みを持つ職員も少なくありません。

　そこで本書は、住民説明会について、企画立案から事前準備、当日の運営、説明のしかた、質問への対応、終了後のまとめかたまで、わかりやすく解説します。また、最近各自治体で活用されているワークショップについても取り上げています。

　住民説明会が行われるケースは幅広く、さまざまな行政計画の策定・改廃、施設の整備（新設・改修）・統廃合、ごみ出しルールの変更などの制度周知など、どのような部署でも実施されています。

　対象者も、住民全体の場合もあれば、PTA、町会長、施設利用者などの特定の住民の場合もあります。目的も単に住民への周知の場合もあれば、住民と自治体の意見交換が重要な場合もあります。

　主催する自治体側の準備が不十分だと、説明会がいつしか住民が苦情や文句を言うだけの場になってしまったり、住民同士が対立してしまい、収拾できない事態になってしまう場合もあります。その結果、担当職員がメンタルを病んでしまったり、自治体と住民が対立関係になってしまったりすることもあります。

　私はこれまで、約30年にわたり、住民説明会に関わってきました。若手職員だった頃は、受付での資料配付や質問者へのマイクの受け渡

しなど、先輩に言われたことをこなすだけでした。しかし、その後に
係長や課長となり、直接住民に説明する立場になりました。ある行政
計画策定に従事していた頃は、市内各地で連日住民説明会を開催して
いた時期もあります。そこでは、質問や苦情はもちろんのこと、残念
ながら、住民から激しい罵倒や叱責を受けたことも少なからずありま
す。本書では、こうした経験から得た3つの教訓をもとに、住民説明
会を成功させるためのノウハウをお伝えします。

①住民説明会は、ダンドリ八分、仕上げ二分
　住民説明会の成否は、事前の準備で8割方決まります。なぜなら、
日時や場所の設定、集客のための周知、配付資料の精査、説明方法の
検討など、説明会の大枠はほぼ事前に決まってしまうからです。

②説明はわかりやすく、ぶれずに、論点を明確に
　説明のスピードが速すぎる、住民になじみのない専門用語を多用す
るなど、参加者目線を意識できていない説明会はNGです。また、
職員の態度がぶれてしまったり、論点がぼやけてしまったりしては、
説明会は混乱してしまいます。

③住民説明会は、目的でなく手段である
　住民説明会は、「開催した」という事実ではなく、どのような意見
が出され、それをどのように行政に活かすかが重要です。テーマに直
接関係のない意見でも、排除するのではなく、「この意見を、少しで
も事業に活かせないか」という姿勢で臨んだほうが、より生産的です。
住民説明会は、住民意見を直接聞くことができる貴重な手段なのです。

　住民説明会やワークショップに「唯一の正解」はありませんが、失
敗しないためのヒントはあります。住民のために、各地域で汗をかい
ている自治体職員の方に、本書が少しでも役に立てば幸いです。

秋田 将人

はじめに　003

はじめに

第1章 まずはここから！住民説明会の企画・立案

1	住民説明会の必要性を検討しよう	010
2	住民説明会と併用する手法も検討する	012
3	開催目的を明確に定めよう	014
4	誰に参加してほしいのか、対象者を明確にする	016
5	場所・回数・日時を検討する	018
6	住民活動の場に出向く方法もある	020
7	当日のスケジュールを決める	022
8	一時保育や手話通訳の配置などを検討する	024
9	録音・録画・写真撮影の可否を決める	026
10	職員の役割分担を決める	028
11	想定問答の作成・質問の対応方法の検討	030
12	アンケートの実施を検討する	032

第2章 人が集まる！周知・広報のしかた

1	庁内の意思決定と周知	036
2	議会への報告	038

3	広報紙・ホームページ・SNS の活用	040
4	関係者・関係団体への周知	042
5	新聞や専門誌、他自治体などへの周知	044
6	無作為抽出による住民周知	046
7	事前登録制	048
8	「動員」という方法もある	050

第3章 住民に伝わる！配付資料の作りかた

1	説明方法に応じて資料は変わる	054
2	議論しやすい資料にする	056
3	次第で説明会の全体像を示す	058
4	配付する資料の分量を決める	060
5	資料の記述は簡潔明瞭に	062
6	専門用語・お役所言葉は避ける	064
7	メリット・デメリットを明確にする	066
8	因果関係を明確にする	068
9	現状の問題点・今後の課題を明らかにする	070
10	資料の「見た目」も意識する	072
11	プレゼンテーションソフト用の資料	074

第4章 準備は万全に！会場設営のポイント

1 早目に会場に入り、案内を表示する ……………… 078

2 マイク・スクリーンなど機材のチェックを ……… 080

3 機材の故障が発覚したときの対応 ………………… 082

4 参加者の受付 …………………………………………… 084

5 参加者が多いとき、少ないとき ……………………… 086

第5章 わかりやすい！スムーズな説明のコツ

1 まずは司会がお礼・目的・スケジュールを話す …… 090

2 上席者が冒頭に挨拶を行う場合の留意点 ………… 092

3 出席者の紹介と担当職務の説明 …………………… 094

4 説明者は事前に原稿を準備して練習する ………… 096

5 説明者は大きな声で、はっきり、ゆっくり話す …… 098

6 1回の説明は20分以内とし、親しみある態度で … 100

7 原稿ばかり見ないで、アイコンタクトを ………… 102

8 資料に書いていないことを話し、興味を引く …… 104

9 動画・DVDの活用 …………………………………… 106

10 司会は参加者からの質問を上手に受ける ………… 108

11 終了時刻・説明時間は厳守する …………………… 110

第6章 これでOK！住民からの質問や苦情への対応

1 質問は議題ごとに聞くか、最後にまとめて聞く…… 114

2 質問が出ないときは、身近な事柄に置き換える… 116

3 質問は途中で遮らず、最後まで聞いて答える…… 118

4 質問してくれたことへのお礼を忘れない………… 120

5 質問や意見を提出してもらってから、回答する… 122

6 関係ない質問も、行政への注文と割り切る……… 124

7 「できる」「できない」は明確にする………………… 126

8 その場で回答できないときは、持ち帰る………… 128

9 「説明がわからない」と言われたら視点を変える… 130

10 「説明が一方的だ」と言われても、ぶれない……… 132

11 参加者が対立しても、一方の味方にならない…… 134

12 悪質な妨害には、毅然とした対応を……………… 136

13 参加者同士の議論を活発にするしかけ…………… 138

14 想定しない議論になった場合の対応……………… 140

第7章 ここが重要！ワークショップ特有のポイント

1 ワークショップとは何か………………………………… 144

2 ワークショップの基本的な流れ……………………… 146

3 効果的な参加者の募集 …………………………………… 148

4 グループ編成にも一工夫する………………………… 150

5 全体説明で参加者の意識を共有する……………… 152

6 参加者の自己紹介で盛り上がる…………………… 154

7 ファシリテーターは参加者の大事なガイド……… 156

8 ワークショップで用いられる手法………………… 158

9 現地視察で現場を知る ……………………………… 160

10 テーマに対する案をまとめ、発表する …………… 162

第**8**章 仕上げが大事！ 終了後のまとめかた

1 開催結果をまとめて、保存する……………………… 166

2 開催結果の報告…………………………………………… 168

3 議事録の作成方法………………………………………… 170

4 意見の反映と運営の検証……………………………… 172

第1章

まずはここから！
住民説明会の
企画・立案

1 住民説明会の必要性を検討しよう

自治体として開催する基準を明確にする

どんな場合に住民説明会を行うのか？

❶住民説明会を開催するケース

- 自治体の各種計画（基本構想、行政計画など）の策定・変更
- 条例（情報公開、民泊条例など）の制定・改廃
- 公共施設の建設・改修・休止・運営方法の変更等
- 新たな制度の導入や制度の変更等（マイナンバー制度、ごみの分別方法変更等）
- ⇒ 自治体として説明会を開催する基準が不明確では、住民からクレームが来ることもある

❷住民説明会ならではの「ねらい」

パブリックコメントやモニター制など他の手法では得られない住民説明会ならではの効果は何かを意識する

■ 住民説明会を開催するケースとは

　住民説明会では、住民や関係機関に対して施策案などを説明して、参加者に理解してもらうとともに、意見交換などを行います。慣例で実施している自治体が多い一方、「市民参加マニュアル」等の内規を定め、住民説明会を開催する事例を規定している自治体もあります。

　住民説明会を実施するような場面は、多岐にわたります。

　例えば、基本構想をはじめとする各種計画では、一般住民だけでなく、広く関係者・関係団体等を対象として行われます。また、市民生活に関わりの多い条例の制定・改廃のほか、公共施設関係でもよく行われます。施設近辺の住民だけでなく、利用者や関係団体も対象とすることがよくあります。さらに、通学区域の変更や都市計画における地区計画変更など、新制度の導入や制度変更に関しても行われます。

　マイナンバー制度の導入など、新しい国の制度について、自治体が住民説明会を開催して周知を図る場合もあります。「市民参加マニュアル」がない場合でも、**各部署によって開催の判断が異ならないように、全庁的に住民説明会を開催する場合の共通の認識を持っておく**ことが、住民にもわかりやすく、混乱を避けるためには望ましいでしょう。

■ 住民説明会ならではの「ねらい」を意識する

　住民参加の手法は、住民説明会だけに限りません。パブリックコメント、ワークショップ、モニター制度など、数多くあります。実際には、住民説明会とパブリックコメントを併用することもよくあります。

　重要なのは、「住民説明会で何をポイントにするか」ということ。「地区別に実施することで地域別の意見を集約する」**「平日に開催して、直接多くの高齢者の本音を集める」など、住民説明会ならではのねらいを考えておくことが、説明会の効果をより高める**ことにつながります。「前回もやったから今回も」といった安易な考えは禁物です。

第 1 章　まずはここから！　住民説明会の企画・立案　　011

2 住民説明会と併用する手法も検討する

パブリックコメントなど、その他の手法も視野に入れる

「障害者計画」を策定する場合の
市民参加手法

❶ 審議会で議論を行う
　　委員の一部を住民から公募する

❷ 住民説明会を開催する
　　計画（案）の段階で、住民説明会を開催して意見募集

❸ パブリックコメントを実施する
　　計画（案）を公表し、広く意見募集

❹ 関係団体からの意見を聴取する
　　市内の障害者団体から意見を聴く

❺ 議会の所管委員会で報告
　　議員の意見を聴く

住民説明会以外の住民参加の手法

　住民説明会は、自治体職員と住民・関係団体が直接対面するものですが、住民参加の手法は他にもあります。

①審議会・委員会の委員

　地方自治法に定められる附属機関（執行機関に設けられる審議会・委員会）などの委員となり、意見を述べる。

②ワークショップ

　特定のテーマについて、参加者が自由に意見交換を行うもの。自由な議論や共同作業を通して合意形成を図る。

③パブリックコメント

　自治体が政策の案などを発表し、その案に対して住民から意見を募集する。自治体はその意見を参考に意思決定を行うとともに、住民からの意見に対して自治体の考え方を公表する。

④モニター制度

　公募した住民を登録して、特定のテーマについてアンケートや会議出席により意見聴取を行うもの。

⑤シンポジウム

　特定のテーマについて、パネリスト（討論者）が意見を述べ、議論する討論会。

⑥首長へのはがき・メール

　特にテーマを定めず、広く住民からの意見を集める広聴の方法（テーマを設定することもある）。一般的にはがきやメールで行われるが、意見に対する自治体の考えを示さない場合もある。

　なお、実際にはこれらは単独ではなく、複数の手法が使われます。どのような組み合わせが効果的なのか、検証することが重要です。

　得られる効果や時間、実際の事務作業の負担なども考えて、住民説明会と併用する方法を考えましょう。

第1章　まずはここから！　住民説明会の企画・立案　　013

3 開催目的を明確に定めよう

開催目的は、大きく「周知」か「意見交換」の2種類

住民説明会は「周知」と「意見交換」の軸で考える！

❶「周知」中心の住民説明会

- ■住民に知ってもらうことが重要
- ■周知する内容は既に決まっていることが多い
- ■わかりやすい説明や疑問への回答が重要
- ■自治体の一方的な説明にならないよう注意が必要

❷「意見交換」中心の住民説明会

- ■住民からの意見が重要
- ■自治体が説明する内容は案の段階（まだ確定していない）
- ■意見を言いやすい環境、発言しやすいきっかけづくりが重要

■ 目的が明確でないと、住民も職員も混乱してしまう

当然のことですが、住民説明会の目的は明確であることが必要です。

「以前も環境計画を改定したときに、住民説明会を開催したから、今回も同じようにやっておくか」という意識では、住民から必ず見抜かれます。この意識が準備不足を招き、「何のために住民説明会を開催しているのか！」と住民からクレームが出ることは必至です。

また、担当する職員の間で、目的が明確に共有されていないと、混乱が起きてしまいます。「そこまで住民に説明する必要はないのでは？」とか「計画変更の理由よりも、変更内容の説明に時間を割くべきなのに……」など、職員の意識がバラバラになってしまうのです。

■ 目的は「周知」か「意見交換」か

一般的に説明会の目的は大きく分けて「住民に知ってもらうことが中心」か「住民同士または住民と自治体との意見交換が中心」かに分かれます（どちらも大事な場合もありますし、どちらかの比重が大きいこともあります）。

前者であれば、わかりやすい説明、住民からの質問への対応が重要です。例えば、「ごみ出しルールの変更」であれば、変更は決定事項ですので、変更内容を理解してもらうことや、変更する理由や背景について説明し、住民に納得してもらうことが必要になります。

後者であれば、住民に意見を言ってもらうことが重要ですから、意見を言いやすい環境やきっかけをつくることが大事です。例えば、「スポーツ推進計画（案）」であれば、「もっと施設整備を明確にすべき」など、当該計画（案）について率直な意見を述べてもらい、後日成案となる計画に合意してもらうことが重要となります。

このように、「周知」と「意見交換」を軸にして、企画・立案の段階で開催目的を明確化し、職員間で共有しておくことが説明会成功につながります。

4 誰に参加してほしいのか、対象者を明確にする

「誰でも参加可能」な説明会のほうが、実は難しい

対象者を明確にする

説明会の目的が明確になれば、どんな人に出席してほしいかも明確になる

❶利害関係者が明確な場合

利害関係者に説明することはもちろん、間接的に影響のある人にも周知を忘れない

❷利害関係者が特にいない場合

広く参加者を募ることになるが、単に「誰でもよい」ではなく「どのような人に来てほしいか」を明確にしておく

利害関係者を主な対象者とする場合

　対象者の設定は、住民説明会開催の目的とも大きく関係します。「誰に来てほしいか」を戦略的に考えて、説明会を成功に導くことが必要です。一般的に、対象者は大きく2つに分類できます。

　1つは、利害関係者が明確な場合です。例えば、橋梁の架け替え工事のため、通行ができなくなることに理解を求める場合、説明会の対象者は周辺住民がメインになります。また、学校の増改築であれば、周辺住民はもちろん、児童生徒にも影響があるため、当該校の保護者も対象になります。このように、テーマに関係する人が明確な場合は、その人たちが参加しやすい住民説明会を開催することとなります。

　ただし、**直接の関係者でなく、間接的に影響を与える場合もあるので注意が必要**です。例えば、橋梁の例であれば、架け替え工事に伴い、福祉施設への送迎バスのルートや、児童生徒の通学路を変更せざるを得ないことがあります。こうした人を対象者とするかどうかを検討した上で、広報紙などを通じて広く周知することが必要です。

利害関係者が特にいない場合

　もう1つは、特に対象者を特定できない場合です。例えば、基本構想の中間とりまとめ案に対して広く意見を求めるような場合には、対象者を特定できません。実はこうした説明会のほうが参加者は集まりにくいのです。こうした場合、先に説明会の日時・場所を決め、その条件から参加できそうな人を抽出する方法が考えられます。例えば、説明会の会場となる公共施設をよく利用する人をターゲットにして、説明会への参加を促すのです。

　また、このように広く意見を求める場合、どんな意見を集めたいのか、ねらいを定めておくことも有効です。例えば、高齢者計画であれば、高齢者本人だけでなく、高齢者予備軍とも言える定年前後の層をねらうなど、ターゲットを絞ることも大切です。

第1章　まずはここから！　住民説明会の企画・立案　017

5 場所・回数・日時を検討する

場所・回数・日時の設定は、住民へのメッセージになる

場所・回数・日時の設定の例

❶ボランティア計画案の説明会

場所等：市役所で1回だけ開催する

ねらい：市内の多くのボランティア団体が出席する、ボランティア祭りの打合せ会後に開催する。関係者が集まりやすく、意見交換が活性化される

❷環境計画（案）の説明会

場所等：地区別で土日に4回開催する

ねらい：住民の参加しやすさを考慮して、地区別に開催する。環境団体の参加も期待できることから土日の開催とする

⇒「参加者がほとんどいない」「参加希望者が多すぎて、会場に入りきれない」といった事態にならないように！

■ ねらった対象者が参加しやすい状況になっているか

対象者を明確に設定したら、次は住民説明会の場所・回数・日時について検討します。

まず、場所は、対象者が足を運びやすい立地であることが望まれます。もちろん、スペースや収容人数などの制約から、「市役所の会議室で開催するしかない」ということもありますが、住民の参加しやすさを考えておくことは重要です。例えば、1回しか開催しない説明会なのに、「市役所に来てください」では、遠方に住む市民にとっては不便で、結果として参加者が少なくなってしまうことがあります。

回数についても、よく考える必要があります。例えば、市内で地区別に複数回開催するのであれば、参加者も出席しやすくなりますし、テーマによっては地区別の状況を反映した説明も可能になります。

ただし、反対に複数回開催することで、1回ごとの参加者は少なくならざるを得ません。「複数回の開催を計画したが、参加者がまったくいない回もあった」では本末転倒になってしまいます。

■ 対象者に直接日時などを聞くことも有効

説明会の日時にも注意が必要です。来てほしい層が明確な場合は、それに応じた日時の設定が大事です。一般に、高齢者であれば平日午後、勤め人であれば休日、学生であれば平日夜間などが適しているといわれます。高齢者向けなのに平日の夜間に開催したのでは、かえって「役所は住民説明会に来ないでほしいと考えているのか」と、アリバイづくりの住民説明会を疑われてしまうので注意が必要です。

場所・回数・日時の設定は、ある意味では自治体側の住民や関係団体へのメッセージとも言えます。設定に悩んだら、対象となる人に直接聞いてみてもよいでしょう。「実は、3月3日の13時に役所で老人クラブの会合があるんだ。その後に設定すれば、みんな参加しやすいはずだよ」などとアドバイスをもらえることもあります。

第1章　まずはここから！　住民説明会の企画・立案　019

6 住民活動の場に出向く方法もある

対象者が集まる場所に出向いて開催することもある

対象者が集まる場所をねらって場所を決める

❶対象者が定期的に開催する会合の日に開催する

例：連合町会の総会、市内PTA連合大会、障害者団体連絡会
⇒　こうした会合に合わせて住民説明会を開催する
メリット1：対象者がそのまま出席してくれる
メリット2：対象者が関係者に声をかけて、参加を促してくれる

❷人が多く集まる場所で開催する

例：大型ショッピングセンター、市のお祭りやイベント開催時
⇒　もともと人が多い
メリット1：もともと人が多いので参加が見込める
メリット2：イベントなども実施すれば、さらなる参加も期待

　　　　　　➡ 必ずしも公共施設で行う必要はない！

◤ 定期的な会合の開催日に合わせて実施する

　住民説明会を開催する場所の設定にあたっては、対象者が集まる場に出向いて説明会を開催する方法もあります。

　例えば、市内の各地区別に、それぞれの地区に属する複数の町会で構成される連合町会がある場合、この連合町会の会合が開催される日程に合わせて説明会を開催するのです。つまり、A地区の連合町会の総会の開催日に合わせて説明会を開催すれば、A地区の各町会長はそのまま参加することが期待できます。また、説明会の開催を事前に広く住民に周知しておけば、町会長が参加を促してくれる可能性もあります。

　もちろん、**こうした説明会の設定にあたっては、事前に連合町会長の了承を得ておく必要があります**。そうすると、連合町会長が開催通知を発送する際に、「当日、総会終了後の午後3時から、○○について市役所が説明会を開催する予定です」などと、周知してくれることもあります。

◤ 大型ショッピングセンターなどで開催する

　また、説明会というと、どうしても公共施設での開催などを想定しがちですが、**大型ショッピングセンターやボランティアの活動拠点などで行うことも有効**です。

　例えば、食育計画などに関する説明会などの場合、大型ショッピングセンターでイベントと組み合わせて開催することも想定されます。映像を放映したり、子供が参加できるゲームを実施したりすれば、堅苦しい内容であっても、親子連れなどの住民でも説明会に参加しやすくなります。

　当然のことながら、エンターテインメントの要素が強くなりすぎて、本来の説明会の目的が達成されないのでは問題ですが、対象者がいるところをねらって説明会を開催する手法もテーマによっては有効です。

第1章　まずはここから！　住民説明会の企画・立案　**021**

7 当日のスケジュールを決める

参加者が理解しやすいようにスケジュールを組み立てる

参加者を無視した住民説明会の例

❶説明会の終了時刻がわからない
説明会後の予定を立てられないので参加できない

❷説明会の時間が長すぎる・短すぎる
いずれのケースも、説明会参加に躊躇してしまう

❸質問時間がほとんどない
役所の一方的な説明で終わってしまう

❹1つの議題の説明が長すぎる
説明が長すぎて、結局何が言いたいのかわからない

❺説明の順番につながりがなく、バラバラ
説明する内容の全体像がわかりにくい

時間は原則2時間以内

住民説明会の当日のスケジュールを決める際には、大きく3つのポイントがあります。

1つ目は、**全体の時間は原則2時間以内にする**こと。できれば1時間30分以内におさめ、長くても3時間以内とします。参加者の立場と説明会の効果を考慮すると、このくらいの時間が適切です。

当然のことながら、長すぎれば参加者は飽きてしまいますし、短かくても「わざわざ来たのに、この程度の内容なのか」と思われてしまいます。なお、周知する際には「予定終了時刻」を明示したほうが参加者にとっても親切です。

説明会の目的によって質問時間を変える

2つ目は、**説明会の目的が「周知」なのか、「意見交換」なのかを踏まえて質疑応答の時間を確保する**こと。意見交換がメインであれば、長めの時間が必要となる一方、周知がメインであれば、多くの時間は必要なく、かえって質問もないのに、時間が余ってしまうこともあります。

なお、質疑応答は、すべての議題が終わった後にまとめて行う場合と、議題ごとに質問時間を設ける場合がありますが、これはどちらがよいということではなく、説明する内容によって異なります。

参加者が理解しやすい次第にする

3つ目は、**参加者が理解しやすい次第にする**ことです。これは、例えば、「冒頭で全体像を示した後に個別の説明を行う」「1つの説明は20分以内にする」「議題ごとに質問を受け付ける」「まずは映像を見せて概要を理解してもらう」などのパターンがあります。

説明側は当然知っていることでも、参加者が基本的な知識がない場合も想定した上で、当日のスケジュールを設定しましょう。

8 一時保育や手話通訳の配置などを検討する

住民が参加しやすい環境を整備する

参加者を増やすための環境整備

❶一時保育
- 子育て世代を対象にするのであれば有効
- 事前登録、有料にするケースもある

❷手話通訳・要約筆記
- 手話通訳は広く実施されている

❸参加記念品
- 説明会の内容に関係した啓発記念品の配付(防災グッズなど)
- 参加した住民に意見を求めるなど、参加者への負担が大きい場合には図書カードなど金券を配付することもある

■ 一時保育

　住民説明会では、住民が参加しやすいような環境を整備することも必要です。1人でも多くの参加者を募るには、対象者が参加しやすいよう配慮することが欠かせません。

　その1つが、一時保育です。説明会の間、参加者の子供を保育する環境を整備することで、子供連れでも参加しやすくします。子育て世代が対象の住民説明会では、一時保育のサービスがあることで、参加者が増加することがよくあります。**事前登録してもらい、人数を確定しておくことが大切**です。なお、公共施設の中には、住民説明会やイベントのため、一時保育専用のスペースを確保している施設もあります。

■ 手話通訳・要約筆記

　また、手話通訳もあります。職員が説明を行っている横で、その内容を手話で通訳することで、耳の不自由な方にも理解してもらうものです。これも事前登録するケースもありますが、現在では必ず手話通訳を配置して住民説明会を開催する自治体もあります。

　さらに、要約筆記という方法もあります。これは、説明内容をパソコンに入力し、スクリーンに表示するものです。手話通訳も要約筆記も、説明会の内容が障害者施策関連であれば配置している例は多いようです。配置にあたっては、市役所の障害者担当課やボランティアセンターなどで聞けば、教えてくれます。

■ 参加記念品

　最後に、参加記念品です。例えば、防災の説明会で、住民への啓発の意味を込めて、備蓄食料などの防災グッズを配付します。また、市民まつりで残った記念品を他部署から提供してもらったり、内容によっては図書カードなどを配付したりすることもあります。**事前に、「当日防災グッズを進呈」などと周知すると効果がある**ようです。

第1章　まずはここから！　住民説明会の企画・立案　025

9 録音・録画・写真撮影の可否を決める

参加者・主催者ともにあらかじめ対応を決めておく

参加者が録音・録画・撮影の
許可を求める事例

❶説明会の写真を所属するボランティア団体の会報に掲載したい

❷本日参加できなかった者へ内容を伝えたいので、録画を許可してほしい

❸自分のフェイスブックに掲載したい

❹後日、自治体と交渉する際の資料としたい

一般的には原則不可

■ 参加者は原則不可であることが多い

　住民説明会では録音・録画・写真撮影の可否についても決めておく必要があります。

　一般的には、参加者のこうした行為はいずれも原則不可としている場合がほとんどでしょう。勝手に録画や写真撮影を行い、撮影者がSNSなどに掲載しては、他の方の迷惑になります。そのため、主催者である自治体としては、これらの行為を許可しないのが一般的です。

　通常は、説明会の冒頭に**「なお、説明会の録音・録画・写真撮影は他の方のご迷惑となりますので、ご遠慮ください」**と司会者が述べることが多いと思います（そもそもそうした行為をする人がおらず、わざわざ注意しないという説明会も結構あります）。

　稀に、こうした行為を許可してほしいと参加者から依頼されることがあります。例えば、「自分が所属する団体の会報に、説明会の様子を掲載したいので、写真撮影を許可してほしい」といったケースです。また、ある自治体の事業に反対運動が起きてしまい、特定の団体がチラシなどに掲載するために行うこともあります。

　こうした場合は、ケースバイケースで判断することになります。特に問題がなければ許可してもよいと思いますが、前出の反対運動のような場合は、後々何かに利用されることも想定されるので注意が必要です。いずれにしても、目的や連絡先の確認は必須です。

■ 主催者側も注意が必要

　なお、主催者側である自治体自身が録音・録画・写真撮影することもあります。これは、議事録作成に使ったり、保存用として記録しておいたりする場合です。こうしたときにも、やはり事前に**「本日、議事録作成のため、説明会の様子を録画しています」**などと伝えておく必要があります。なお、そうしたときには参加者のプライバシーに配慮が必要です。

第1章　まずはここから！　住民説明会の企画・立案　**027**

10 職員の役割分担を決める

漏れなく、無駄なく、効率よく住民説明会を行うために

職員の役割分担の例

❶準備
- 椅子を並べる、会場案内の表示(全員)
- 資料と受付の準備(庶務係)
- 照明・スクリーンのチェック(事業係)
- マイクチェック(山田)

❷説明会中
- 司会(山田)
- 挨拶(課長)
- 説明(議題1:大原　議題2:木下　議題3:西原)
- 質疑応答(マイク手交は小田、回答は説明者)

❸後片付け
- アンケート回収も含め全員で行う

■ 受付・司会・説明者・設備

　住民説明会の概要が決まり、やるべきことが明確になったら、職員の役割分担を決めていきましょう。

　まず、受付です。説明会を事前登録制とした場合は、受付で参加者を確認します。また、登録制ではない場合でも、資料やグッズの配付、会場への案内など、受付を行う職員が必要です。受付では、参加者から「今日は何時に終わりますか」「トイレはどこですか」などの質問も多いため、しっかりと対応できるようにしておきましょう。

　次に、司会です。進行役である司会には、明るくハキハキと話すことが求められます。また、参加者の反応を確かめたり、質問者を指名したりと、その場の状況を的確に把握して対応する必要があります。司会は基本的には1人の職員が担当しますので、途中で変更することはあまりありません。

　そして、最もメインとなる説明者です。住民にわかりやすく丁寧に説明することが求められます。説明者は1人とは限らず、議題ごとに説明者を変更することもよくあります。

　学校の増築説明会などでは、増築の概要を庶務担当者が、工事の内容やスケジュールを施設担当者が、工事中の注意点を校長が説明するといった具合に、複数の部署がそれぞれ説明することもあります。

　最後に、設備や機材担当です。映像の放映、会場照明の点灯、質問者へのマイク手交など、会場の設備や機材の対応を行うものです。

■ 準備と後片付けの役割も明確に

　説明会ではその準備や後片付けも、結構大変です。会場の椅子を並べなければならない場合や、複数の資料を1人用にセットする場合などは、人海戦術で対応することもあります。

　また、すべての準備がきちんとできているか最終的にチェックを行う者など、統括する役割も忘れないようにしましょう。

想定問答の作成・質問の対応方法の検討

参加者目線になることで、新たな課題を見つけられる

質問の対応方法の検討例

❶ 参加者からまったく質問が出ない場合

改めて各地区別の課題に置き換えて説明し、
参加者から身近な問題を指摘してもらう

❷ 質問が多すぎて、終了時刻を超えてしまいそうな場合

いったん終了時刻で説明会を終了し、
その後は各職員が個別に参加者の質問に答える

❸ 質問者の1人が長々と話してマイクを離さない場合

司会から「他の方からも質問を受け付けたいので、
そろそろまとめていただけますか？」と促す

想定問答を作成するメリット

　住民説明会の企画・立案の際には、説明会当日に住民から出されそうな質問にどのように回答するか、想定問答を作成しておきます。もちろん、例えば基本構想の説明会などでは、範囲が幅広く、どのような質問が出るのか、まったく予想がつかないような場合もありますが、テーマが絞られているのであれば、ある程度の予想が可能になります。

　想定問答を作成することのメリットは3つあります。

　第一に、**職員で認識を共有できる**点です。説明の内容は決まっていても、予想外のことを聞かれてしまうと、回答する職員によって内容が異なってしまうことがあります。特に、説明会を複数回実施する場合には、質問への回答者が変わることがあります。こうしたときに、質問への回答が違ってしまうことがあるので注意が必要です。

　第二に、**より住民目線で考えることができ、新たな課題などを発見できる**点です。説明会は、どうしても役所の視点に立って企画・立案しがちです。しかし、想定問答を作成すると、自ずと住民目線になります。そうすると、「住民から見れば、テーマと○○との関係が気になるのでは？」など、新たな課題を発見できるのです。住民目線になることにより、より住民の立場になった説明会にすることができます。

　第三に、実際の説明会で有効に活用できる点です。想定問答が作成されていれば、**回答する職員はすぐに回答でき、考える手間を省くことができます**。また、すぐに回答できるので時間短縮にもなります。

　なお、想定問答は、箇条書きで整理した程度のもので十分です。

質問の対応方法の検討

　なお、質問の対応方法についても事前に考えておきましょう。「質問がない場合はどうするか」「質問が多すぎて時間を超過してしまいそうなときの対応」「質問者の1人が長々と話してマイクを離さない場合」などについてもあらかじめ考えておくと、当日焦らずに済みます。

第1章　まずはここから！　住民説明会の企画・立案　031

12 アンケートの実施を検討する

住民説明会の結果を議会に報告する際などに活用される

アンケートの例

民泊条例に関する意向調査アンケート

氏名
年齢(　)歳　　男・女

1　本日の説明会の内容について
　①理解できた　　　　　　　③まったくわからなかった
　②あまり理解できなかった　④その他　(　　　　　　　)

2　テーマの民泊条例(案)について
　①賛成　　　　　　　　　　③どちらとも言えない
　②反対　　　　　　　　　　④その他　(　　　　　　　)

3　その他自由意見

■ アンケート実施のポイント

　住民説明会では、参加者にアンケートを配り、説明の理解度や意見・感想等を書いてもらうことがあります。

　アンケートは、必ず実施しなくてはいけないものではありません。テーマによっては実施しないこともよくあります。しかし、住民生活に大きな影響を与える可能性があるテーマの場合は、住民説明会の実施結果が重要になることもあります。その内容を議会に報告することもあるので、注意が必要です。

　実施する場合は、何のために実施するのかを事前に明確にしておく必要があります。主なものとして、①テーマへの理解度、②テーマへの賛否、③テーマへの意見、④その他感想、などです。すでに述べたとおり、議会に報告する例もありますので、どのような質問項目にするかは十分検討しておく必要があります。また、集計が難しい選択肢や、回答する人が書きにくい質問にならないよう注意しましょう。

　なお、記名か無記名かも検討する必要があります。記名では、なかなか本音を書いてくれない場合もありますが、一方、無記名では回答がいい加減になるということもあります。テーマの内容やアンケートの目的を踏まえた上で、記名・無記名を決めます。

　最後に、回答者の属性の記入です。住所・年齢・性別・職業などを記入するかどうかです。これらは、後で集計する際に、「50代男性は反対が多いが、40代女性は賛成が多い」など結果分析に活用できます。

■ 説明会の途中で回収する場合もある

　一般的には、説明会終了後に提出してもらいますが、途中で提出してもらうこともあります。これは、説明会を2部構成にして、1部で説明、2部で質疑応答の時間とし、1部終了後にアンケート（実質的には質問票であることが多い）を回収するものです。2部では、回収したアンケートにある質問に回答する形で進行していくスタイルです。

第1章　まずはここから！　住民説明会の企画・立案　033

第 **2** 章

人が集まる！周知・広報のしかた

1 庁内の意思決定と周知

庁内の意思決定を終えてから、周知を行う

庁内意思決定の例

❶担当係で説明会の日時・場所、周知方法、想定する対象者などをまとめる

⇒ 説明会（案）の作成

❷係長が課長に説明し、了承を得る

⇒ 修正があれば再度検討する

❸課長が部長、副市長、市長に了承を得る

⇒ 説明会の概要を決定

❹課長が議会の所管委員会で概要を説明

■ 必ず上司に了承を得ておく

　担当者が住民説明会の概要を固めたら、庁内で正式な意思決定を行います。担当する係長⇒課長⇒部長の順で了承を得ますが、住民の関心が高い場合などは首長まで確認することもあります。

　住民説明会の開催は、住民に直接影響することもあり、担当者が思っている以上に上司は気を遣うものです。「開催場所に偏りはないか」「住民が参加しやすい時間帯になっているか」「参加者ゼロなどということがないように、事前周知をしているか」など、上司の目線でチェックを行います。

　担当者からすると、そうした上司のチェックは煩わしく思うかもしれません。しかし、きちんとチェックを受けておくことで、その後に住民から「説明会の実施回数が少ないではないか」などと言われたときにも、上司も一緒に対応してくれます。反対に、上司の了承も得ずに、説明会を一方的に周知してしまうと、「俺は聞いていない」とトラブルの元になるので、注意が必要です。**面倒と思っても、庁内の意思決定は丁寧に行っておいたほうが無難**です。

■ 他課の行事・イベントなどを確認しておく

　意外に見落としがちなのは、庁内他課との関係です。住民説明会の概要を決めたとしても、他課から「実はその日に、その地区対象のイベントを開催することが既に決まっている」「その日は、老人クラブの演芸大会があり、多くの高齢者が参加するはず」など、他の予定が入っていることがあるからです。

　毎年定例的に実施しているイベントや会合であれば、事前に把握できますが、そうでない場合は日程が重なってしまうこともあるので注意が必要です。そうなると「縦割り行政だ」との批判が出てきます。

　こうした事態を避けるためには、庁内共有の電子掲示板での周知や、広報担当課などに問い合わせて確認しておくことが欠かせません。

第2章　人が集まる！　周知・広報のしかた　　037

2 議会への報告

担当者は議会報告についても注意しておこう

議会報告の例

❶ 所管委員会で報告する

住民説明会の開催のみを報告することはほとんどなく、実際にはテーマに関する状況報告などと併せて説明する

❷ 個別に議員に報告する

1. 所管委員会の委員に報告する
   ⇒ 説明会前に委員会が開催されないため、個別に委員に報告する
2. 正副議長及び各会派の幹事長に報告する
   ⇒ 各会派の幹事長に報告することによって、実質的にすべての議員に報告したこととなる（ただし、無所属議員は別）

議会報告の実際

住民説明会の開催については、議会の所管委員会などで報告する場合があります。

例えば、観光推進計画を策定するにあたり、中間のまとめが作成され、これについて説明会を開催するとします。この際、課長が中間のまとめの内容を議会に報告する中で、住民説明会の開催を報告するのです。このように、単に住民説明会の開催だけを報告するのでなく、計画策定の途中経過を伝える中で、報告することが多いと思います。併せて、パブリックコメントの実施などについても報告します。

ただし、説明会のテーマがそれほど重要でなかったり、定例で実施されていたりする場合は、特に議会に報告しないこともあります。

議会報告する基準

「何を議会で報告し、何を報告しないのか、その基準がわかりにくい」と感じた方もいるでしょう。実際には、各自治体の慣例やルールもあるので、統一の基準を定めるのは困難かもしれませんが、報告するようなケースは、大きく次の2つにまとめられます。

1つ目は、**行政計画や重要な条例の策定・変更**など。これらは、自治体の重要な意思決定であり、当然住民にも大きな影響を与えます。たとえ住民の関心が低いとしても報告しておくことが多いでしょう。

2つ目は、**住民生活に直接関係する事項**です。例えば、通学区域の変更、ごみ出しルールの変更、学校の増改築計画、保育園の指定管理者導入などが挙げられます。住民の関心が高いものは、当然議員も注目しています。このため、やはり報告は必要です。

なお、議会への報告は管理職の範疇かもしれませんが、担当者としては「自分には関係ない」と思わず、こうした点も配慮して準備を進めたほうが、円滑に説明会の事務を進めることができます。

第2章 人が集まる！ 周知・広報のしかた **039**

3 広報紙・ホームページ・SNSの活用

周知の基本である広報紙・HPを十分に活用しよう

広報紙で周知する際のポイント

❶いつ掲載するか

あまり早いと住民に忘れられ、遅いと参加しにくくなる

❷どの程度のスペース・文字量を確保できるか

日時・場所・問合先を掲載するが、それ以外の情報を掲載できるか？できる場合、何を掲載するか？

❸何回掲載できるか

複数回掲載できれば効果的だが、広報担当者と要相談

◤ 広報紙は住民への影響が大きい

　住民説明会の概要が確定すれば、いよいよ広く周知を行います。その王道といえるのが、広報紙・ホームページ・SNS です。

　まず、広報紙です。新聞に折り込みされたり、公共施設や駅などにも置かれたり、住民への周知としては非常に影響力があります。特に高齢者は、よく読んでいる方も多くいます。

　掲載にあたっては、「いつ掲載するか」「どの程度のスペース・文字数を確保できるか」「どの面に掲載するか」を決めていきます。あまり早く掲載しても住民に忘れられてしまいますので、効果的な時期や紙面構成などは、広報担当者と決めていくこととなります。もちろん、住民説明会を開催する担当課の意向ですべてを決められるわけでなく、全体の構成などは広報担当課と相談することになります。**掲載締切日は案外早いことが多いので、早目に相談・調整しておきましょう。**

　なお、掲載は 1 回すればよいというものではありません。重要な説明会であれば、複数回掲載することが重要です。

◤ ホームページはトップページでわかるようにする

　次に、ホームページです。現在では一般的ですが、単に掲載しておけばよいというわけではありません。この点についてもホームページを所管する部署との調整にもよりますが、**①トップページに掲載する、②トピックスやイベント情報に掲載するなど、ホームページ閲覧者に見やすいよう配慮する**ことが必要です。

　たまに、掲載したときはトップページで周知されていたのに、いつの間にかなくなってしまい、深く探っていかないとわからないということがあるので注意が必要です。

　この他、ツイッター、フェイスブックなどの SNS を活用している例もあります。これらの使い方については自治体によって異なりますが、広く拡散することも期待できますので、検討の余地があります。

第 2 章　人が集まる！　周知・広報のしかた　041

4 関係者・関係団体への周知

テーマの関係者や関係団体に個別に周知する

関係者・関係団体の例

❶ 地域住民

❷ テーマに関係する住民

テーマによって利害が発生する住民など

❸ テーマに関係する団体

ボランティア、活動団体、PTA、NPO、大学、企業など

❹ その他

大学生や民間企業従業員などの住民でないが市内で活動する者、テーマに関係する専門家

■ 参加してほしい関係者・関係団体に周知する

　住民説明会の周知にあたっては、出席してほしい関係者や関係団体に個別に連絡することも有効です。例えば、道路の整備・改修などであれば地域住民、スポーツ計画の策定であれば各種スポーツ団体、観光プランであれば観光ボランティアなどです。

　この際、単に「スポーツ計画の説明会を開催するので、来てください」ではなく、計画はどのような内容なのか、スポーツ団体としてどのような意見を述べてほしいかなども伝えておくと、説得力も高まります。特に関係者団体の長などは、そうした場で意見を発することを重要視していることもあります。場合によっては、そうした団体のメンバーが、複数出席してくれることもあります。

　なお、そうした関係者や関係団体に連絡する場合は、通常はその長に伝えます。町会長、自治会長、関係団体の代表者、PTA会長などです。これらのトップの人に伝えた上で、「団体の皆さんにも、説明会について周知していただきたいのですが」と伝えておきましょう。**トップに伝えないと、「なぜ自分に伝えず、他の者に連絡するのか」と揉めることもあるので注意が必要**です。

■ 関係者の特定が困難なときでも、地域には周知する

　問題は、基本構想の策定など、関係者や関係団体が特におらず、誰でもが対象になるような場合です。この場合、説明会の企画・立案の段階でどのような人が来そうなのか、ターゲットを定めたはずですので、それに基づいて周知を行います。

　なお、どうしても関係者や関係団体などが限定しにくい場合は、やはり説明会開催場所の近隣住民への周知がポイントとなります。町会長や自治会長はもちろんのこと、マンション内の掲示板、付近の公共施設や市の掲示板への開催案内の掲載なども検討しましょう。

第2章　人が集まる！　周知・広報のしかた　043

5 新聞や専門誌、他自治体などへの周知

さまざまなパイプや手段を駆使して集客しよう

記者クラブとは？

公的機関などを継続的に取材するためにメディアが組織する自主的な組織

例：神奈川県政記者クラブの加盟媒体

神奈川新聞、朝日新聞、毎日新聞、読売新聞、産経新聞、東京新聞、日本経済新聞、日刊工業新聞、共同通信、時事通信、日本放送協会、アールエフラジオ日本、テレビ神奈川

◤ 広報担当課のパイプを利用する

　周知には、新聞や専門誌、他自治体へ依頼する方法もあります。

　まず、新聞です。全国紙の地域版、地方紙などがあります。通常は、記者クラブなどの広報担当課とつきあいのある新聞社などに周知することです。この場合、広報担当課と相談することになりますが、説明会のお知らせを紙面に掲載してくれることもあります、

　ちなみに、**広報担当課は、新聞社以外にもケーブルテレビを含むテレビ局、ラジオ局、ミニコミ誌の出版社などのマスコミともパイプを持っています。**日頃、取り上げてほしい記事があれば、ネタの投げ込みなどを行っているのです。このため、こうしたパイプを利用して説明会の開催を周知してもらうこともできます（場合によっては、テーマそのものを取材してもらい、併せて説明会開催について掲載してもらうこともあります）。

◤ 専門誌や他自治体への周知も有効

　次に、専門誌（紙）への周知です。例えば、行政の専門誌である「ガバナンス」（ぎょうせい）や、東京都政など東京都内の自治体の動きを伝える「都政新報」（都政新報社）などがあります。こうした媒体では、さまざまな自治体の動向を記事にしたり、シンポジウムなどの情報を掲載したりしています。

　また、福祉関係など、特定のテーマ別の月刊誌や専門誌（紙）などもいろいろとあります。職場で回覧されている出版物の中から、掲載の可能性について検討することも有効です。

　さらに、他の自治体への周知も考えられます。例えば、どこの自治体でも対応に困っているような課題であれば、「○○市では、どのように住民に説明しているのだろう」と気になるものです。本来の住民説明会の趣旨からは、やや外れてしまうかもしれませんが、集客のための１つの方法にはなります。

第 2 章　人が集まる！　周知・広報のしかた　045

6 無作為抽出による住民周知

特定の住民からの意見を集めるには有効な方法

プラーヌンクスツェレの特徴

❶ 話し合いへの参加者を無作為抽出で選ぶ

❷ 参加者に謝礼を支払う

❸ 1グループ5人（通常5グループ25人で行う）に分けて参加者だけで話し合いを行い、全体で投票を行う
（1日4コマ、4日間で16コマ）

❹ 各話し合いの前に現状や課題などの情報提供を行う

❺ まとまった結果を市民答申として公表する

［出所］特定非営利活動法人市民討議会推進ネットワークHP

▌ 無作為抽出で住民を選び、参加を促す

住民参加を促す手法として、無作為抽出した住民に案内状を送付し、説明会などの場に出席してもらう方法があります。概ね次のような流れで行われます。

①住民基本台帳から住民を無作為抽出

②抽出した住民に案内状を送付

③参加希望の受付

④参加者の決定（希望多数の場合は抽選で決定）

⑤説明会等を実施

⑥参加者に謝礼や記念品を支払う

誰でも参加できる説明会などよりも、ワークショップなどの住民同士で意見交換するものや、行政との意見交換などに主眼が置かれる会議体に有効です。 これは、ドイツの市民参加手法の１つである「プラーヌンクスツェレ」がモデルとなっており、その後少しずつアレンジが加えられ「市民討議会」などとして日本でも実施されています。

▌ 一定の参加者があり、議論も活発になる

この方式の特徴は、2つあります。

1つ目は、実際に、**一定の希望者・参加者が確保できる**こと。無作為抽出では「本当に希望者がいるのか？」と疑問に思うかもしれません。しかし、ある自治体では2,000人に案内を送付したところ、84人の申し込みがあり、ほぼ全員が出席したとの事例があります。

2つ目は、**参加者に謝礼を支払うことで、発言者も責任を持ち、議論が活発になる**ことが多いことです。日頃、行政との関わりが少ない住民層の参加を促すことになりますが、まったく意見が出ないということはありません。あまり行政と関係のない住民（サイレントマジョリティ）の意見を聴くことができ、新たな視点に気づかされるという利点があります。

第2章 人が集まる！ 周知・広報のしかた　047

7 事前登録制

「せっかく来たのに参加できない！」などを防ぐために

事前登録制の種類

❶先着順

事前登録で先着順に受け付け、定員になった段階で締め切る方法。メリットとしては、受け付けるだけなので、職員の事務量は少ない。デメリットとして、広報紙の配付は地域によって異なることがあり、住民が不公平にならないような配慮（特定の日時から受け付けるなど）が必要。

❷抽選方式

一定期間、受付を行った後、定員を超えた場合に抽選を行う方法。メリットとして、公平性が確保できることがある。デメリットとしては、職員の事務量が増加（抽選の実施、合否の連絡など）することが挙げられる。

■ 事前登録制にしたほうがよいケース

　説明会の種類によっては、参加を事前登録制にしておくことが有効な場合があります。

　例えば、**会場の都合などで、参加者数が限定されている場合**です。地区別に出張所などの施設で行う場合など、会場が狭いため、ある程度人数を制限することがあります。また、テーマに関心のある住民が多く、たくさんの参加者が見込まれ、**その会場で収容できるか不安な場合**もこのケースに該当します。

　こうした場合は、事前登録制にすることによって、説明会当日に「せっかく来たのに、会場に入れない」という事態を避けることができます。また、**参加者のグループ分けなど、事前に何らかの整理や作業を行う必要がある場合**も事前登録制が有効です。例えば、ワークショップなどであれば、あらかじめ参加者がわかっていれば、年齢・性別・所在地などで、バランスよくグループ分けすることができます。

　もちろん、参加予定者の当日の急な欠席ということも考えられますが、事前登録とすることで、当日に新たなグループ編成を行う場合でも柔軟に対応することが可能となります。

　さらに、まったく参加者数が見込めない場合にも使えます。「この説明会で、いったいどれだけの人が来るのだろう？」と、推測が難しい場合は、あえて事前登録制にしておくことで、参加希望者の多寡がわかります。仮に、事前登録が少ない場合は、さらなる周知を行って集客をねらうことも考えられます。

■ 事前登録制でも一定の欠席者を見込んでおく

　なお、事前登録制にしても、欠席者は必ずでるものです。このため、あえて定員を超えて受付をしておくのか、厳密に定員で締め切るのかは、事務局の判断となります。説明会のテーマなどを踏まえて、事前に検討しておくことが必要です。

第2章　人が集まる！　周知・広報のしかた　049

8 「動員」という方法もある

どうしても参加者が見込めない場合の最終手段

> まずは参加者を見込む（動員は「奥の手」）

❶問い合わせ件数

広報紙等に掲載以降、住民からの問い合わせがどの程度あるかを見て、参加者数を見込む

❷関係者・関係団体への確認

テーマの関係者・関係団体があれば、参加の意思を確認する

❸議員の反応

議会報告したときなどの議員の反応を見る

❹エゴサーチ

住民説明会の名称をエゴサーチしてみて、SNSでの拡散状況などを確認する

動員とは

どうしても説明会の参加者が極めて少数になることが予想されるため、関係者等に人数を示して出席をお願いする。これが「動員」です。

動員には、①軍隊を平時編成から戦時編成に切り替えること、②人員や設備を国家や軍隊の統一管理のもとに集中すること、③ある目的のため人や物を組織的に集めること、という意味があります。ここでは、③の意味ですが、強制ではなく、あくまで依頼に過ぎません。

動員の実例

これまで、さまざまな住民説明会やワークショップを経験してきて、実際にこの動員を行ったことが何回かあります。それは、テーマが堅いものや住民生活にあまり身近な内容ではない場合に、「説明会を開催したものの、参加者がゼロ」という事態を避けるために、苦肉の策、最終手段として使ってきました。

依頼する相手は、テーマに関係しそうな団体や関係者がいればそうした方々に、直接テーマに関係する住民や団体がいない場合は、町会・自治会が多かったのが実情です。町会などに、こうした動員をお願いできる理由としては、日頃から自治体と町会などとの関係が良好で、町会長などに依頼しやすい関係にあったためです。

行政計画などの策定で、どうしても住民説明会の開催が必須でありながら、実際には住民に身近なテーマでないことから、参加者が見込めないような場合に、町会長などに依頼するのです。「3月6日に市役所で、○○計画に関する住民説明会を開催します。ただ、あまり参加者がいないので、すみませんが会長の町会から何人か出席していただけませんか？」などと伝えていました。

ただし、当然のことながら、近年話題になったように、金銭を払って説明会に参加してもらい、わざと賛成意見を言ってもらうなどと画策することは言語道断です。

第2章　人が集まる！　周知・広報のしかた　051

第3章

住民に伝わる！配付資料の作りかた

1 説明方法に応じて資料は変わる

説明に合わせて、参加者にわかりやすい資料にする

資料の番号・名称

❶資料の番号

一般的には「資料1」「資料2」のように、個別の資料ごとに資料番号を付けることが多い。枝番を付け「資料1－1」「資料1－2」などと付番することもある。

⇒ ただし、あまりに資料が多いと、参加者にとっては探すのが手間になる。こうした場合、資料を冊子形式に1つにまとめ、本のように目次・ページ番号をつけることもある。

❷資料の名称

資料に関連するものとして「参考1」「別紙1」などと、別の名称で資料を添付することもある。

⇒ ただし、あまりに参考や別紙など、さまざまな名称があると、かえってわかりにくいので要注意。

総論・各論・まとめ

　住民説明会当日に配付する資料は、参加者にとってわかりやすいものであることが必須条件です。説明する順番や内容と、資料が合っていなければ、参加者にとっては理解しにくいものとなってしまいます。また、説明会の目的が「周知」か「意見交換」なのかによっても、資料は異なってきます。

　代表的なパターンは、「総論」「各論」「まとめ」の３部構成です。例えば、大規模改修に伴う、文化センター休止に関する説明会を利用者を対象に開催したとします。まず、総論として休止期間や講座・施設の貸出しの中止について説明します。次に、休止期間中の講座の振替えや、他施設の貸出しなど、利用者に応じた課題をそれぞれの担当者から個別に説明します。最後に、休止のポイントを再度説明するとともに、改修後の再開について触れます。

　このように、**全体像を示した上で、個別課題に触れ、最後に注意すべきポイントなどを再確認すると、住民にはわかりやすくなる**のです。資料も資料１が休止の概要、資料２〜４が個別課題、資料５がまとめなどとします。

結論・理由・まとめ

　また、「結論」「理由」「まとめ」のパターンもあります。例えば、児童の通学方法の変更について、保護者対象に説明するとします。この場合、まず変更の内容を説明し、次に変更の理由（事故が発生したためなど）や考え方（事故を防ぐため、A地区の児童は○○通りを使うなど）を説明します。最後に、変更内容を再度説明し、変更に伴い想定される新たな課題などについて言及します。

　こうしたケースの資料は、資料１で変更内容や新旧対照表、資料２で変更の考え方や発生した事故の概要、資料３を想定される課題などとすると、意見交換がしやすくなります。

第３章　住民に伝わる！　配付資料の作りかた　055

# 2 議論しやすい資料にする

共通の資料で参加者が意見交換できるようにしよう

資料の不備のせいで議論が深まらない例

❶資料が多すぎたり、わかりにくかったりして、そもそも参加者に説明の内容が理解されていない

❷資料に含まれる情報量が多すぎて、何を議論していくべきか方向性が見えない

❸テーマの全体像がわからない

❹個別の課題の関係性(因果関係など)がよくわからない

全体像がわかる資料を作成する

　住民説明会の目的が、参加者同士または自治体と参加者の意見交換という場合があります。こうした場合、自治体側の説明はあくまで前置きのようなものであって、意見交換が説明会の主となります。

　このとき大切なのは、議論しやすい資料を作ることです。活発な議論を促すためには、説明だけでなく資料の役割もとても重要。説明会に遅れてきた参加者であっても、資料を見ただけで、すぐに議論に参加できるような資料が理想です。

　ポイントは、まず一目でテーマの全体像がわかること。例えば、前項で示した「総論」「各論」「まとめ」というパターンであれば、総論の部分で各論の概要や関係性がわかるような資料を、できればA4判1枚もしくはA3判1枚で準備しておきます。

　全体像がわかれば、何を議論しているのかわからず、置いてきぼりになってしまう参加者がいなくなります。議論が白熱すると、話している人には内容がわかっていても、それ以外の人にはまったくわからないことがあるものです。そうした事態を避けるためにも、**職員は時折、「資料1の○○のことですね」などと示してあげると親切**です。

テーマの論点を整理した資料

　また、意見交換すべき点や、テーマの論点をまとめた資料を作成しましょう。意見交換してほしい論点、参加者の意見を聞きたい内容、今後想定される課題など、さまざまなものが考えられます。

　あくまで議論するための叩き台のようなものですので、その資料が絶対ではありません。場合によっては、参加者から別な視点を問題提起されたり、「市は議論を誘導しようとしているのか」と言われたりするかもしれません。しかし、そのときは状況に応じて修正していけばよいのです。議論しやすくするための資料なので、このような意見が出ることも、ある意味では有益と言えます。

第3章　住民に伝わる！　配付資料の作りかた　057

3 次第で説明会の全体像を示す

一目で説明会の全体像がわかるような次第を作成しよう

次第は必要な情報を簡潔明瞭に書く

〇〇保育園指定管理者導入説明会

日時：2018年3月10日(土)9時～11時
場所：〇〇保育園ホール

1　保育部長挨拶
2　議　事
　(1)指定管理者の導入について（佐藤庶務係長）
　(2)移行準備期間の保育体制について（木田保育係長）
　(3)指定管理導入後の保育園運営について（山本△△会理事長）
3　質疑応答
〈配付資料〉
　資料1　指定管理制度について
　資料2　移行準備期間の保育体制について
　資料3　△△会の理念と保育体制

次回：4月14日(土)9時

日時・場所、議題

　住民説明会では、一般的に「次第」を添付します。通常、参加者にはこの次第を一番上にして、その下に資料をつけて、セットにして受付で配付したり、会場の机上や席上に置いたりします。

　次第のポイントをご説明しましょう。

　第一に、**日時・場所を明記する**こと。これは、当日の参加者から見れば終了時刻がわかり、概ねの時間が把握できます。一般に住民説明会の開始時刻を周知しても、あまり終了時刻は明記されないので、参加者にとっては親切です。

　また、これらの明記は、主催者側の自治体にとっても、後で資料を見返したときに「いつ、どこで」行ったかなどが明確になります。

　第二に、**議題などの明記**です。これは、どのような順番で説明が行われるのかが明確になります。前述した「総論」「各論」「まとめ」など、次第だけで説明会の構成が参加者に理解できます。

　なお、この際には説明者の所属・氏名も併記しておいたほうが、参加者は後で質問しやすくなります。後日、参加者が問い合わせなどを行う際にも便利ですので、書いておいたほうが親切です。

配付資料一覧、参加者への伝達事項

　第三に、**配付資料の一覧**です。資料番号と資料名称があると、配付漏れなどがあるとすぐにわかります。通常は、冒頭に配付資料の確認を行いますが、遅れて来る参加者もいますので、書いておいたほうが参加者にとってもわかりやすくなります。

　第四に、**次回日程やアンケート提出依頼など、参加者への伝達事項**です。これらは、最後に記載するものですが、ついつい当日に実際の説明を忘れてしまうことがあります。このため、次第に記載してあれば、参加者が資料を受け取ったときに認識することができます。仮に説明を忘れてしまっても、参加者に確実に伝えることができます。

第3章　住民に伝わる！　配付資料の作りかた　**059**

4 配付する資料の分量を決める

配付する資料は「多ければよい」というものではない

配付する資料の分量のポイント

❶参加者の問題意識に応える

例：公共施設の工事が行われる
- ⇒ 参加者：「自分の家周辺の騒音や工事車両の影響は？」
- ⇒ 参加者の住所によって影響が異なるのであれば、地域別の状況などを示した詳しい資料が必要になる

❷説明時間に合わせる

例：議題が多く、議題2について説明時間が5分しかない
- ⇒ A4判1枚の資料で説明。後は質疑応答で対応

❸必要に応じて参考資料を配付する

例：説明会ではマイナンバーの概要しか説明する時間はないため、マイナンバーカードの申請方法は参考資料として配付する

参加者の問題意識を踏まえた分量になっているか

　配付する資料の分量についても、参加者への配慮が必要です。

　説明会によっては、「とにかく関係資料を渡さなくては！」と膨大な資料を準備したり、反対に、説明会前に住民から多くの質問が来ているにもかかわらず、簡単な資料しか渡さなかったりすることがあります。資料の分量も、大切なのは参加者目線で考えることです。

　資料の分量のポイントは、3つあります。

　第一に、**参加者の問題意識を踏まえているか**。テーマについて予備知識のない参加者に理解してもらうことが重要であれば、「テーマの全体像がわかる」「概略がつかめる」ことが大切です。あまり細かい点や例外などイレギュラーな事柄の説明資料は不要となります。

　反対に、住民がテーマについて深い関心を持っているのであれば、それだけ詳しい資料が必要となります。

説明時間との関係、参考資料の取扱い

　第二に、**説明時間に適合した分量になっているか**。1つひとつの資料が、その説明時間に適した分量になっていることが必要です。説明時間が10分しかないのに、小さい字でびっしり書かれた厚い資料を渡されたら、「たった10分で、この資料の説明をするのか？」と思ってしまいます。

　第三に、**説明会終了後に読むための資料を配付するか**という点です。資料に掲載している事柄は、必ずしもすべて説明会で説明するとは限りません。説明は簡潔な資料で行い、「興味のある方は、後でこちらの資料をご覧ください」と参考資料を添付することも考えられます。

　そこで、こうした参考資料を参加者に配付するかどうかの検討も必要です。こうした資料があると参加者にはありがたいのですが、決して読まれないようなものを配付すると、ただのごみとなってしまいます。

第3章　住民に伝わる！　配付資料の作りかた　　**061**

5 資料の記述は簡潔明瞭に

長い文章は、参加者が読む気をなくしてしまう

短文・箇条書きはわかりやすい！

〈BEFORE〉

　現在、市政の課題は山積している。まず、財政状況として市税の減少が指摘できる。これは人口減少に伴い、生産年齢人口が減少していることが大きな原因である。また、公共施設の老朽化問題である。高度成長期に整備した多数の施設が、改築期を迎えている。さらに、業務の複雑化・高度化。これは地方分権が影響している。

〈AFTER〉

市政の課題
1　市税の減少…生産年齢人口の減少が原因
2　公共施設の老朽化…高度成長期に整備した施設が改築期
3　業務の高度化・複雑化…地方分権の影響

■ なるべく短文、できれば箇条書きにする

　資料はできるだけシンプルにしたほうが、参加者にとってわかりやすくなります。「参加者にはできるだけ長文を読ませない！」つもりで資料を作成してみましょう。

　ポイントは３点です。

　第一に、**なるべく短文にして、できれば箇条書きにする**こと。文の基本は、「○○は××だ」といった、主語と述語に特化し、修飾語の「……のときは」といった条件設定などをなるべく書かないようにします。一文が長いとそれだけ理解しにくくなります。「少し削りすぎかな」と思えるくらい修飾語を除いてみると、わかりやすくなります。

　箇条書きも活用しましょう。一段落に10行もあるよりも、箇条書きで３～５点にまとめたほうが一目でわかります。

■ まず結論を書く

　第二に、**結論・主張と、理由・説明を明確に区分する**こと。参加者が知りたいのは、結論や主張です。その理由や説明は、後回しでも構わないのです。

　聞き手の立場になればわかると思うのですが、最初に長々と理由や説明を聞いても、「だから、結局、結論は何？」と思うだけです。反対に、先に結論や主張を言ってもらえれば、「それは、なぜ？」と参加者の意識は高まり、説明をよく聞いてくれるようになります。資料も同様です。まずは簡潔に結論や主張を資料に書き、その後で理由・説明を加えたほうが、参加者にとってわかりやすくなります。

　第三に、**図表、イラスト、写真、グラフなどの活用**です。文字がびっしり埋まっている資料は、読みにくいものです。特に、高齢者などには苦痛に感じることもあります。

　このため、図表などを活用し、そのポイントを吹き出しなどで表現するほうが、記述は簡潔になり、文字数を少なくすることができます。

第３章　住民に伝わる！　配付資料の作りかた　063

6 専門用語・お役所言葉は避ける

自治体職員にとっては常識でも、住民にはわかりにくい

思わず使ってしまう役所用語（番外編）

❶ **一丁目一番地**……最重要案件

❷ **ガス抜き**……不満やストレスのたまったと思われる人に対して、それらを取り除く行為や作業のこと。

❸ **祝詞（のりと）**……上司が正式な会議などで読み上げる文言や文書。使用例として、「財政課長が読む、予算委員会の総括説明の祝詞はできた？」など。

❹ **スケルトン**……骨格。使用例として、「部長への説明資料をスケルトンでいいから作っておいて」など。

❺ **叩き台**……担当者が考える案のこと。あくまで案なので、内容が精査されていなくても一般には怒られないが、あまりにいい加減だと上司の逆鱗に触れることもある。

専門用語はわかりやすい言葉で表現する

　自治体には、さまざまな専門用語・お役所言葉があります。職員同士の会話や資料であれば通じるものであっても、一般の住民にはわかりにくいものが少なくありません。

　専門用語でいえば、**例えば、「この文化センターは、2020年4月に供用開始とする」よりは、「この文化センターは、2020年4月から使用できます」のほうが住民には伝わります。**このように、法令用語・専門用語は言い換えて資料に記述しましょう。

　同様の例として、カタカナ語もあります。「アカウンタビリティ」や「アウトソーシング」も、参加者にとっては「説明責任」や「外部委託」のほうがわかりやすくなります。さらに、PT（理学療法士）やOT（作業療法士）などの略語についても同様です。

役所特有の用語は正式用語で書く

　役所特有の用語もあります。例えば、「生保」は一般の住民は生命保険を思い起こしますが、役所であれば生活保護をイメージすることがあります。また、一般財源を「一財」と言ったり、一時借入金を「一借」と言ったりします。

　これらの言葉は、やはり住民向けの資料であれば正式な用語を用いて表現することが必要です。

あいまいな表現は使わない

　あいまいな表現も、ある意味では役所文化に根付くものと言ってよいかもしれません。例えば、「善処します」「鋭意努力します」「研究します」なども、参加者からすれば「結局どうするの？」と疑問に思ってしまいます。

　また、「等」の多用も要注意。役所としては「等」をなくすことは難しいのですが、多すぎるとかえってわかりにくくなります。

第3章　住民に伝わる！　配付資料の作りかた　**065**

メリット・デメリットを明確にする

参加者にとって、メリットは最大の関心事

複数案のメリット・デメリットを比較する例

〈検討〉

	案1	案2	案3
整備施設	特養ホーム	グループホーム	障害者施設
メリット	特養待機者が多い、住民要望が多い	地域移行の社会状況に合致	複数の関係団体からの要望がある
デメリット	建設コストが高い	特養ホームより需要が低い	周辺住民に反対者がいる

⇒ 以上のような比較検討の結果、A地区に整備する福祉施設は、特別養護老人ホームとする

■ デメリットについても包み隠さず説明する

　住民説明会で、役所が説明することに対して、参加者が考える最大の関心事は、それが自分にとって、どんな影響があるのかです。

　そこで、参加者には、メリットだけでなく、デメリットも知ってもらうことが重要です。「役所は説明会ではよいことばかり言っていたが、後になっていろいろな不都合があることがわかった。役所に騙された」などとクレームがくれば、信頼関係が崩れてしまいます。今後の住民との関係に重大な影響を与えてしまうようなことは避けなければなりません。**デメリットを明確にすることは、そのデメリットを参加者にも了解しておいてもらう意味があります。**

　なお、参加者全員が同じメリット・デメリットを共有するとは限りません。よくあるケースとしては、「A地区住民にはメリットでも、B地区住民にはデメリットだった」「保育園に通園させている世帯にはメリットだが、在宅で育児している世帯には影響なく、かえって不公平感を生むかもしれない」といったものです。また、役所で気がつかないメリット・デメリットがあり、説明会当日に、参加者から指摘されることもあります。

■ 役所視点のメリット・デメリットを伝えることがある

　参加者視点のメリット・デメリットだけでなく、役所視点のメリット・デメリットを明確に示す場合もあります。これは、**役所にとって都合が良い・悪いではなく、「なぜ、役所としてそのように判断したのか」を説明するために、役所視点で伝える**のです。

　具体的には、「本事業をこのような方法で実施する理由は、コストパフォーマンスが高く、また多くの住民が利益を得られると考えたからです。しかし、住所地によって住民へのサービス開始時期が異なるデメリットがあります」などと説明できます。また、複数案を提示した上で、いくつかの項目で評価する方法もあります。

第3章　住民に伝わる！　配付資料の作りかた　067

8 因果関係を明確にする

原因・結果だけでなく、時系列や関係者で表現することも

結果と原因をわかりやすく伝える

保育園給食における誤配への対応について

1 概　要〈結果〉

　2018年4月より、アレルギー対応食を保育園児に提供する場合、①調理職員と保育士で指差し確認を行うとともに、②一般食と区別するためプレートにクリップを付ける、こととした。

2 変更の理由〈原因〉

　A保育園でアレルギーを持つ園児に対して、通常の配食を行ってしまった。理由は、①調理職員と保育士との間で円滑なコミュニケーションが図れていなかった、②現在のプレートでは、アレルギー対応食と一般食との違いがわからないの2点。

この問題点に対応するため、先の対応を行う。

■ 原因や理由を明らかにして納得してもらう

　資料では、因果関係を明確にすることも大切です。参加者は冒頭に「結論」を聞けば、「なぜ、通学方法を変更するの？」「どうしてごみ出しのルールが変わるの？」など、「なぜ？」とその理由を知りたくなります。

　そこで、「先日、児童の交通事故があり、安全対策上、通学方法を変更する必要が生じた」「ごみの最終処分場の延命化を図るため、新たに蛍光灯のリサイクルを始めたことにより、ごみ出し全体のルールを変更する」など、原因や理由を明確にする必要があります。

　もちろん、こうした原因やルールは１つとは限りません。自治体がそのように判断した材料は多ければ多いほど、説得力は高まります。

■ 時系列や関係者を明確にする

　経緯を説明する際にも、因果関係を明確にするとわかりやすくなります。例えば、次のようなケースです。

　①東日本大震災発生時、保護者が迎えに来られず、保育園に宿泊しなくてはいけない保育園児が発生した

　②しかし、夕食や夜食がなく、職員が慌てて用意した

　③このため、保育園は備蓄食糧の必要性を認識した

　④その後、保護者会が開催され、アレルギー対応の備蓄食糧も必要との意見が出た

　⑤以上のことから、保育園では今後アレルギー用と一般用の２種類の備蓄食糧を保存することとした

　このように、**一連の出来事を整理しておくと、なぜ今回のような結論に至ったかのかを明確にすることができます。**

　また、因果関係は、時系列に並べるだけでなく、関係者（例えば、市役所、議会、住民など）を整理して、互いがどのように関係しているかを図示することも有効です。

第３章　住民に伝わる！　配付資料の作りかた　　**069**

現状の問題点・今後の課題を明らかにする

自治体と参加者が共有できると、同じ方向に進みやすい

説明会ではテーマだけを
話せばよいのではない

❶ 現状の問題点を話す

- ■自治体が認識している問題点がわかる
- ■自治体の問題分析の手法がわかる

❷ 今後の課題を話す

- ■自治体が認識している課題がわかる
- ■説明会後の先行きを見通すことができる

⇒　いずれも自治体と参加者で認識を共有できる

参加者と問題点が共有できないと、結論も共有できない

住民説明会では、現状の問題点を分析した対応策を示します。

例えば、テーマが「児童の交通事故発生に伴う、今後の通学ルート変更」だったとします。この場合、「現在の通学路は交通量が多い」「ガードレールがなく、安全面で問題がある」など、交通事故が発生した原因を分析した上で、対応策を示すのです。

しかし、こうした現状の問題点が資料に書かれていないと、なぜ自治体がそのような対応策を考えたのかがわかりません。実は、「事故の発生原因は交通量やガードレールでなく、児童の交通マナーにある」としたら、まったく異なった対応策を考えなければなりません。

このように、**結論を導くにあたって、どんな問題点を設定したかを参加者に提示することは、結論に同意してもらうためにも必要です。**

なお、理由がわかりやすいものはよいものの、問題点の設定が難しいケースもあります。例えば、「昨年は、A幼稚園の入園希望者は定員以上だったが、今年は定員の８割にも満たない」といった場合、いろいろな仮説を立てて検証する必要があります。

参加者と今後の課題を共有しよう

今後の課題を、参加者と共有することも大事です。交通事故の例であれば、「変更後の通学ルートも一定の交通量があり、安全とは言えない。そこで、朝夕に保護者が交代で見守ることも今後検討する」のように、**参加者と自治体で今後の課題を共有しておくと、説明会後の対応につなげることもできます。**

また、公共施設の大規模改修について、工事や代替施設での対応に関して説明会を行ったとします。このとき改修終了後の再オープンなど、新たに住民説明会を開催する予定があるのであれば、「開設前に、新施設の①施設概要、②利用料金、③予約方法を説明する会を開催する」としておけば、参加者も先行きを見通すことができます。

10 資料の「見た目」も意識する

ビジュアルを工夫して、一目でわかる資料にしよう

標題・見出しと本文でメリハリをつける

協働事業制度について

1　概　要

　市民や市内事業者から提案を受け、市役所とともに事業を実施する協働事業制度を平成30年度から新たに実施する。

2　目　的

　市民や市内事業者と本市が協働して事業を行うことにより、これまで以上に市民目線に立った事業を展開するとともに、市民や事業者の協働意識を高めることを本事業の目的とする。

3　実施方法

　　　（略）

▨ 標題・見出しの文字を大きくする

　わかりやすい資料にするためには、見た目・ビジュアルも大事です。ここでは、簡潔にポイントを3つ示しましょう。

　まずは、文字の大きさです。標題・見出し・重要な箇所などは他の文字よりも大きくします。また、主に高齢者を対象にした説明会では、資料の文字全体を大きくします。最低でも12ポイント以上で、行間もあまり詰めすぎないように注意します。

　次に、フォントの変更です。一般的には、標題や見出しをゴシック体にして目立たせ、他は明朝体で示すと、わかりやすくなります。

　また、重要な点や他の目立たせたい部分などのフォントを変えることもよくあります。ただし、フォントの種類は多ければよいわけではなく、多用するとかえって読みづらいため、2、3種類が妥当です。

　さらに、下線、太字、斜字の活用も有効です。これらを使用する際には、使い分ける基準やルールを決めておいたほうがよいでしょう。**「特に読み手に強調しておきたい部分は下線を使う」「引用部分は斜字で表記する」**などです。

　ルール化しておけば、例えば読み手が引用部分を探したいときには、斜字だけを追えばよいのでわかりやすくなります。反対に、ルールなく使用してしまうと、読み手が混乱してしまいます。

▨ 情報を盛り込みすぎず、余白を活かす

　また、資料には余白も必要です。そのためにはまず、伝えたいことをシンプルにまとめましょう。「削りすぎかな？」と思えるくらい文言を削除しても、意外と参加者は気にならないものです。

　その上で、行間や文字間を読みやすく調整して余白を設けます。余白をつくることによって、参加者は説明を聞きながら、説明者の発言や気づいたことなどをメモすることができます。

第3章　住民に伝わる！　配付資料の作りかた　073

プレゼンテーションソフト用の資料

プレゼンテーションソフトの活用は慎重に

プレゼンテーションソフトを
活用して失敗した事例

❶参加者が説明を理解できていなかったのに、参加者の様子がわからずにそのまま説明を続けてしまった

❷説明後、会場を明るくしたら、多くの参加者が眠っていた

❸それぞれの画像の内容は理解できるが、全体像がよくわからないとなり、もう一度説明をしなければならなかった

❹画像の中に動きを加えたり、追加情報を吹き出しに入れたりしたが、配付した資料では反映できず、わかりにくい配付資料になってしまった

■ プレゼンテーションソフト用の資料は、意外に見にくい

　現在では、パワーポイントなどプレゼンテーションソフトを用いて説明会を行うことも少なくありません。こうした場合、スクリーンに資料を映し出し、それと同じ資料を紙で配付します。通常、配付する資料はA4判1枚に、2画面分など複数の画像を印刷します。

　パワーポイントなどの活用は、確かに有効な面もありますが、参加者にとって、本当にわかりやすい資料になっているかについては注意が必要です。それは、具体的に以下のような問題があるからです。

　第一に、**画面を配付した資料は、案外見にくい**点です。画像で説明されると、一瞬わかったような気になりますが、後で資料を見返すとわかりにくいのです。

　これは、あくまで画像用の資料となっているので、1枚1枚の資料が細切れになっているからです。説明者は、「このほうがわかりやすいはず」と思っているのですが、実は「参加者にとってはわかりにくい資料でしかない」ということが結構あるのです。

■ 参加者が積極的に資料を読まなくなる

　第二に、**プレゼンテーションソフト用の資料は、参加者の読む気を失わせてしまうことがある**点です。資料は次々と展開し、説明は流れるように行われていきますが、会場は暗く、参加者は画像を見せられるだけなので、自分で資料を読みません。このため、積極的に資料を読むことがなくなってしまうのです。これでは、せっかく説明会を開催しても高い効果は得られなくなってしまいます。

　また、説明する立場からいうと、参加者の反応がわかりにくい、説明者の熱意が伝わらないなどのデメリットがあります。暗い会場の中で、淡々とした説明では、参加者を眠らせてしまう恐れもあるのです。

　もちろん、プレゼンテーションソフトの使用がまったく意味がないというわけではありませんが、使用する場合には注意が必要です。

第3章　住民に伝わる！　配付資料の作りかた　075

第4章

準備は万全に！
会場設営の
ポイント

1 早目に会場に入り、案内を表示する

早目に準備して、参加者が迷わないようにしよう

説明会会場のチェック

❶会場設営
- イス・演台・マイク・スクリーンなどのチェック
- 施設管理担当者との打ち合わせ

❷案内表示
- 施設内でスムーズに会場へ行けるように表示する
- 最寄り駅から施設まで遠い場合や、施設入り口から会場までわかりにくい場合などは、職員を配置

❸受付
- 事前登録の確認や資料配付を行う場合は、受付を設置
- 住民からの問い合わせに答えられるように、必要事項を確認しておく

■ 事前に準備を依頼した会場でも早目に入る

　住民説明会の会場は、いろいろな場所で行われます。コンサート会場のようなホールの大きなステージで説明することもあれば、地区別の公民館で車座になって説明することもあります。また、市役所の中で行うのか、出先施設で行うのかなどの違いもあります。このため、会場の準備といっても、場所によってかなり異なりますが、ここでは一般的なポイントをまとめておきましょう。

　第一に、**早目に会場に入る**ことです。不測の事態が起こっても対応できるよう、職員が早目に会場に入るのは、基本中の基本です。ホールのような会場の場合、事前に伝えておけば、ほとんどすべての準備を施設のスタッフが行ってくれる場合もありますが、それでも早目に会場に行き、チェックをしておきましょう。説明会の名称が間違っている、準備を依頼した車いすがない、マイクの本数が足りないなど、手違いの発生も少なくありません。

　もちろん、イスの配置など、一から準備しなくてはならないときは、早く準備に着手したほうがよいのは言うまでもありません。イスを並べてみたら、説明者と参加者の距離が遠かったので調整が必要になったなど、やはり直接チェックしないとわからないことが多々あります。

■ 参加者がスムーズに移動できる案内表示を

　第二に、**案内表示**です。最寄りの駅やバス停から施設までの案内や、施設入り口から説明会会場までの案内などの表示を行います。職員がよく知っている施設であっても、一般の住民が迷うことも結構あります。そこで、参加者がスムーズに移動できるよう、矢印などで誘導します。

　施設の中に同じような会場がいくつかあり、参加者にわかりにくいようであれば、会場の入り口などに職員を配置し、参加者が迷わないように案内を行います。

第4章　準備は万全に！　会場設営のポイント　**079**

2 マイク・スクリーンなど機材のチェックを

事前に確実に稼働するか確認しておく

機材等のチェックポイント

❶ マイク・スクリーンなどの機材は正常か
- 事前に動作をチェックする
- スクリーンではパソコンなどとの接続や画像を確認

❷ 会場内の飲食の可否
- 施設管理担当者に確認する

❸ 会場の照明
- 動画放映中、会場の照明を消灯する場合など

❹ 地震など緊急対応
- 説明会中に地震などが発生したときなどの対応を確認

マイクを使わないほうがよいケースもある

　会場設営の際は、必要な機材をチェックすることも大切です。

　まずは、マイクです。会場全体に声がよく行き渡るため、大きな会場では欠かせないアイテムです。使用するかどうかは、会場の大きさや参加者数なども関係しますが、使用する場合が多いでしょう。

　参加者が質問する場合には、他の参加者にも聞こえるように、職員が参加者にマイクを渡して発言してもらうのが一般的です。ただし、会場で使用できるマイクの本数に限りがある場合は、どこに配置するかがとても重要です。仮に、「司会用、説明者用に１本ずつ、残り２本は質問者用に会場の左右に職員を配置してマイクを持たせる」など、説明会の進行に応じた配置が求められます。また、複数のマイクを同時に ON にするとハウリングすることもありますので、事前に音量とともにチェックしておくことを忘れずに。

　なお、参加者が少なく、誰が発言してもよく聞こえる場合は、マイクを使わないほうがよいこともあります。なぜなら、**地声だけで会話を行うと、会話が自然になる**からです。マイクを受け渡す間に沈黙が続き、会話が中断することがなくなるのです。参加者も説明者も構えずに、自然体で会話ができるので、活発な議論が期待できます。

スクリーンはパソコンとの接続に注意する

　プレゼンテーションソフトや動画などを活用する場合には、スクリーンを用いることも多いでしょう。やはり、正常に動作するか事前にチェックしておきましょう。実際に映して、画面の偏りなど見にくい点がないかを確認しておきます。

　特に、パソコンと接続して使用する場合、案外設定に時間を要することがあります。また、インターネットにつなぎながら説明する際は、きちんと接続できるかなどのチェックも必要です。

第 4 章　準備は万全に！　会場設営のポイント　**081**

3 機材の故障が発覚したときの対応

代用品で対応するか、機材なしで実施するか

機材が故障したときの判断

❶故障が説明会開催に重大な影響を与える場合

コンサート会場のようなホールなのにマイクが使えないなど、説明会開催に重大な影響を与える場合は、中止も含めて検討する。参加者の不満が増大しつ続ける中での継続は、かえって危険

❷故障の影響が軽微な場合

参加者に準備不足を謝罪し、参加者の理解を得た上で、説明会を継続する。ただし、その後の参加者の反応には十分注意する

参加者のストレス、不満への配慮を忘れない！

代用品を準備して対応する

　事前に機材のチェックを行い、稼働しないことが判明したり、説明会の途中で動かなくなってしまったりすることもあります。こうしたときの対応について、ポイントを整理しておきましょう。

　第一に、代用品を準備することです。例えば、マイクであれば、庁舎の管財担当が所有していることもありますが、住民向けの説明会などを頻繁に開催している部署では個別に所有している場合もあります。もともと借りていた管財担当のマイクが使用不可であれば、マイクを所有している職場に聞いてみることも方法の1つです。

　また、営繕担当などが工事現場を案内する際に、スピーカーと一体となった持ち運びできるマイクセットを持っていることがあります。このタイプでは、質問者へ渡すなど、機器の交換を行うのは手間ですが、最低限説明者のマイクは確保できます。

　映像機器などの調子が悪くて、映すことができない場合は、動画などは放映できません。この場合、画面は小さくなりますが、パソコンの画面で少人数ずつで順番に見てもらうなどが考えられます。

機材なしで対応する場合

　第二に、機材なしで対応する場合です。例えば、マイクがどうしても見つからず、地声で対応せざるを得ないケースがあります。こうした場合は、職員が大きな声で説明することも必要ですが、**参加者の座る場所を変更して説明者の近くに座ってもらったり、席自体を説明者の近くに配置したりして対応します**。参加者に協力してもらうことになりますが、「距離が遠くて、説明者の声が聞こえない」といった不満を避けられます。

　なお、スクリーンの場合、プレゼンテーションソフトの活用が不可であれば、資料だけで説明するしかありません。また、動画などは思い切って諦めて、他の説明などで代用しましょう。

第4章　準備は万全に！　会場設営のポイント　**083**

# 4 参加者の受付

気軽に参加者が質問できるよう、受付を設置する

受付する職員の役割

❶参加者(事前登録者)のチェック

❷資料の配付

❸会場の案内

❹参加者からの質問などへの対応

❺会場整理(混雑時など)

❻遅刻者・早退者への対応

参加者への挨拶が、説明会の印象を決める

　事前登録制の説明会では、参加者のチェックを受付で行います。ここで資料を配付したり、ワークショップであれば班編成などを伝えたりします。特に、参加者のチェックを行わず、自由に参加できる説明会であっても、受付を設けておき、参加者からの質問などを受けられるようにしておくと、参加者は安心できます。

　受付を行う際のチェックポイントは３つあります。

　１つ目は、参加者への挨拶です。来ていただいた参加者には、「本日はお越しいただき、ありがとうございます」など、明るく声かけをしましょう。職員が無口だったり、職員同士でおしゃべりしていたりしては、住民説明会の第一印象が悪くなってしまいます。

　「せっかく参加したのに、職員はおしゃべりばかりしていて、住民を迎えようという気持ちが感じられない」

　これは、私が実際に経験した苦情です。受付のファーストコンタクトで、参加者が抱くイメージは決まってしまうので、要注意です。

参加者からの質問には確実に答える

　２つ目は、参加者からの質問や問い合わせに答えられるように準備しておくことです。「何時に終わりますか？」「トイレはどこですか？」「途中で退室してもよいですか？」「写真撮影したいのですが……」など、参加者から出される質問はさまざま。参加者を迎え入れるのが受付の役目ですから、質問には答えられるように準備しておきましょう。

　３つ目は、遅刻する人、早退する人への対応です。説明会が開会されたからと言って、すぐに受付を閉鎖するのでなく、遅刻・早退する人のためにも職員を配置しておいたほうが丁寧です。

　また、参加者が途中で「マイクの声が小さくて、聞き取れない」など、会場の不備を教えてくれることもあります。職員の配置の問題もありますが、できるかぎり受付は常駐しておくのが賢明でしょう。

第４章　準備は万全に！　会場設営のポイント　085

5 参加者が多いとき、少ないとき

当初の見込みと参加者数が異なったときでも、できることはある

参加者が少なく、せっかく来てくれた参加者も帰ってしまいそうなときの対応

❶ 職員は明るく参加者に接し、フレンドリーな対応を心掛ける

❷ 少人数のほうが、参加者の状況に応じた説明ができる点をアピール

❸ 説明会の時間はそれほどかからないなど、気軽さをアピール

◤ 多かったときは、別会場の準備などで対応

　説明会を開催したところ、参加者の人数が当初の想定と異なることはよくあります。多い場合もあれば、少ない場合もありますが、そんなときにもできる工夫があります。

　想定よりも多かったときは、うれしい悲鳴となりますが、会場に全員が入れるのか、不足したイスや資料の準備はできるかなどを早急に検討しましょう。コンサート会場のようなホールでは、立ち見やパイプ椅子の持ち込みは禁止されている場合もあるので、注意が必要です。その場合は、他の小ホールを準備し、大ホールの様子を画面で放映したり、別会場を設けて2つの場所で説明会を開催したりすることが考えられます。

　どうしても会場に収容できない場合は、来ていただいた方にお帰りいただくことが必要なこともあるかもしれません。その場合には、お詫びするのはもちろんのこと、別の開催日などをアナウンスします。

◤ 少ないときは会場のレイアウトを変更する

　想定よりも少なかったときは、**会場のレイアウトを変えることで、より丁寧な説明会を演出する**ことができます。例えば、広い会場に参加者が5人しかおらず、説明者との距離が遠いのであれば、演台などをなくして参加者との距離を近くします。また、マイクも使わずに、普通に話すようにして、心理的な距離を近づけます。

　「こんな立派な会場に、たった5人だけか。ならば、自分も帰ろうかな」と考えてしまう参加者もいるかもしれません。そんな方を逃さないためにも、**「こじんまりとしてるけど、温かみのある説明会だった」**と思ってもらえるように、レイアウトの変更などを検討しましょう。もちろん、施設内で他のイベントなどが行われているような場合には、当日に集客することも考えられますが、参加記念品などがないかぎり、実際に参加してもらうことは、あまり期待できません。

第4章　準備は万全に！　会場設営のポイント　**087**

第5章

わかりやすい！
スムーズな
説明のコツ

まずは司会がお礼・目的・スケジュールを話す

説明会冒頭、司会は参加者に説明会の全体像を伝えよう

司会の例

❶開会
「定刻となりましたので、ただいまから、A小学校の改築計画に関する説明会を開催させていただきます」

❷お礼
「休日にも関わらず、多くの保護者の方、地域の方にご参加いただき、誠にありがとうございます」

❸目的
「本日は、来年予定している改築計画について説明させていただきますが、説明が多岐に渡ります。不明な点があれば、ぜひ各議題後の質疑応答の際に、お聞きいただければと思います」

❹終了時刻
「11時30分終了を予定しておりますが、個別のご質問があれば、説明会終了後にも質問をお受けしたいと考えております」

参加者に説明会の目的を意識づける

　説明会は、ツカミが大事。はじめの第一声はとても重要です。

　まずは、冒頭で司会者がお礼と目的を述べます。

　「それでは、定刻となりましたので、環境基本計画に関する住民説明会を開催させていただきます。本日は、お忙しい中、説明会にご出席いただき、ありがとうございます」

　参加してくれたことに、心を込めてお礼を述べましょう。

　次に、「現在、市では環境基本計画の策定作業を行っておりますが、先月、中間のまとめを発表いたしました。本日は、この内容を説明させていただくとともに、皆さまからご意見をいただければと思っておりますので、どうぞよろしくお願いいたします」などのように、説明会の目的を簡潔明瞭に述べます。

　ここでは、**「皆様に計画の概要をご理解いただきたい」「ご意見をいただきたい」など、参加者に行ってほしいことを伝えるのがポイント。**これにより、参加者は自分が何をすればよいかが明確になります。

議題、質問方法、終了時刻など全体像を示す

　その上で、当日のスケジュールを明確にします。

　「本日は、次第にありますように、計画の位置づけ、中間のまとめの概要、今後の予定の3点について説明させていただき、その後、質疑応答の時間を設けます」などと、説明会のおよその予定について説明します。資料とともに次第を配付するのが一般的ですが、その次第に予定を明記しておけば、参加者も全体像を冒頭に理解できます。

　質問は、①議題ごとに行う方法、②すべての説明終了後に行う方法がありますが、冒頭に参加者に伝えておきましょう。

　最後に、「説明会の終了時刻は、概ね19時30分を予定しております」などと、終了時刻を伝えます。こちらも次第に記載するとともに、冒頭に司会者が参加者に伝えておくのが親切です。

第5章　わかりやすい！　スムーズな説明のコツ　091

2 上席者が冒頭に挨拶を行う場合の留意点

説明会では、上席者が挨拶だけして帰ることもある

上席者の挨拶例

❶ 自己紹介・お礼

「福祉部長の山本でございます。本日は、障害者計画の説明会にご出席いただきありがとうございます。また、日頃は市政全般に渡り、ご理解ご協力をいただき、重ねて御礼を申し上げます」

❷ 目的

「さて、皆さんもご承知のとおり、一昨年、障害者入所施設でたいへん痛ましい事件が発生しました。(略)」

❸ 結語

「最後になりますが、本計画策定にあたり、是非皆さまのご意見をお聞かせくださいますようお願い申し上げて、簡単ではございますが、挨拶とさせていただきます。本日は、どうぞよろしくお願いします」

司会と同じことを言わないように

説明会冒頭に、司会が説明会全体の案内を行った後、上席者が挨拶を行う場合があります。例えば、司会や説明者は係長以下で、冒頭の挨拶が課長や部長のような場合です。

住民説明会には、①実際の説明を行う職員（一般に係長以下）と、②その上席者（管理職）の２層で参加するのが一般的です。

なぜなら、１層だけだと説明会が紛糾した場合に、その場を収める役割の者がいなくなってしまうからです。このため、**主に係長以下が説明会の実務を担い、何か問題などがあれば、課長が発言するスタイルにしておく**のです。

このケースであれば、課長が挨拶を行います。内容は、参加してくれたことへのお礼、説明会の目的などを簡潔に述べます。冒頭の司会の発言内容と重複しないように、例えば広く社会状況と結び付けるなど、別の視点から話すことが求められます。上席者が司会と同じ話をしてしまうと、参加者は「また、同じことか」と感じてしまいます。また、課長挨拶の後には、説明会のメインである趣旨説明等が控えているので、手短に済ませたほうがよいでしょう。

上席者が挨拶だけで帰る場合

なお、先の２層（課長と係長以下）に加え、部長が出席し、冒頭の挨拶だけで帰るということもあります。この場合は、部長挨拶後、「部長の小口は、この後、別の公務がありますので、ここで退席させていただきます」などと司会が参加者に伝えます。

ただし、仮に町会長や自治会長などを動員して開催した説明会であれば、こうした方々には、あらかじめ部長が直接、参加の御礼と中座する旨を伝えておきましょう。「役所が説明会に参加してくれと言うから来たのに、最も偉い部長は途中で帰るのか」とクレームが寄せられることもあります。

第5章　わかりやすい！　スムーズな説明のコツ　093

3 出席者の紹介と担当職務の説明

説明会冒頭で出席職員を紹介することは必須ではない

出席職員の紹介例

❶司会が紹介する場合

「それでは、本日出席している職員を紹介いたします。まず、課長の大村でございます。次に、障害児通所支援の説明を行います、障害児担当係長の相田でございます。次に、地域生活支援事業の説明を行います、係長の…（以下略）」

❷職員が自己紹介を行う場合

「障害児担当係の井上です。障害児通所支援のうち児童発達支援と放課後等デイサービスを担当しています」

❸出席職員リストを配付する場合

司会が「本日出席している職員並びに担当業務につきましては、本日参考資料として配付しております。時間の関係で、個々の職員の紹介は割愛させていただきますので、ご了承ください」と伝える。

冒頭で出席者の紹介を行うケース

　冒頭の司会の発言、上席者の挨拶終了後、いよいよ実際の説明に入ります。このときに、まず出席者の紹介を行うことがあります（各議題の説明の際に自己紹介すれば十分という場合もあります）。

　この時点で出席者の紹介を行うかどうかは、その必要性と人数で判断します。

　例えば、障害者計画の説明会で、障害児通所支援制度の概要説明はA係長が行うものの、個別のサービスに関する質問についてはB主任が答える場合もあるとします。

　このように、説明者だけが参加者対応するのでなく、個別の質問に別な職員が対応するようなケースであれば、冒頭に職員を紹介しておいたほうが、参加者にとってはわかりやすくなります。

　参加者によっては特定の内容に興味や疑問があり、詳しい説明を求めてくることがあります。先の例であれば、A係長が質問に答えられず、B主任が答えることもあるので、事前に紹介しておくと、参加者も誰に質問すればよいかがわかります。もちろん、紹介の際は、担当職務についても説明しておきます。

　しかし、あまりに出席職員が多い場合は、職員紹介だけで時間がかかってしまいます。これでは、時間のロスにつながり、参加者のストレスも大きくなってしまうので注意が必要です。

出席者の紹介方法

　紹介の方法としては、①司会がまとめて行う、②それぞれの職員が自己紹介を行う、③出席職員をリストにして配付するなどがあります。

　説明会では、説明者と質問への対応者が誰かを明確にしておくことが求められます。また、後日参加者が問い合わせを行ってくることもあるので、顔を覚えてもらうとともに、所属や連絡先を明確に示しておきましょう。

第5章　わかりやすい！　スムーズな説明のコツ　095

4 説明者は事前に原稿を準備して練習する

「ぶっつけ本番」の説明は、とても危険

説明原稿作成後のチェックポイント

❶参加者目線になっているか

テーマについて知らない参加者でも、十分理解できるような説明になっているか

❷配付される資料と適合しているか

説明の内容と配付される資料が合っているか、説明の順番は適切か

❸専門用語やお役所言葉を使っていないか

一般の住民などになじみのない、専門用語やお役所言葉を使っていないか

説明原稿はあったほうが安心

説明者は、説明会前にできるだけ説明原稿を作成しておきましょう。ある程度の経験を積めば不要になるかもしれませんが、**慣れないうちは、いわば「台本」を準備しておくと、円滑に説明できます。**

それは、原稿を作成する過程で、「こうした表現で、参加者は理解できるか」「説明の順番は、どちらがよいだろうか」「時間内に説明が終了できるか」などを検証できるからです。

こうした説明原稿がなく、ぶっつけ本番での説明は危険です。「時間がなくて、説明できない点があった」「当日の雰囲気にのまれて、頭が真っ白になってしまった」などを避けるためには、原稿の準備は欠かせません。

説明原稿の作成ポイント

説明原稿の作成ポイントを整理しておきましょう。

まずは、書式です。これは、①説明する全文を文章にする方法と、②要旨のみを箇条書きにしたレジュメ方式の2つがあります。

説明初心者にとっては、全文のほうが安心かもしれませんが、作成に時間もかかります。実際の説明時間や、原稿を作成するためにかかる時間などを考慮して、どちらを作成するかを判断しましょう。

当初は全文で作成し、慣れてきたらレジュメ方式にするという方法もあります。

次に、説明する分量と時間との調整です。**経験的に、1分間で読めるのは400字程度。**全文原稿の場合は、作成した後で説明の配分などが適しているかを検証してみましょう。レジュメ方式の場合でも、ある程度の時間の割り振りを考えておいたほうが安全です

説明原稿ができたら、一度予行演習をしてみましょう。黙読ではなく、実際に声に出して読んでみると、案外わかりにくかったり、言い回しが不適切だったりすることがわかることがあります。

5 説明者は大きな声で、はっきり、ゆっくり話す

参加者にとって「わかりやすく、聞きやすい」説明にする

説明の失敗例

❶小さい声でボソボソ話す

説明者が緊張してしまう、または説明に自信が持てない、など声が小さくなってボソボソと話してしまう

❷早口でよくわからない

説明者が早口だと、参加者は説明についていけない。高齢者などがいれば、より丁寧な説明を心がける

❸説明する分量が多すぎる

説明時間に対して、説明する分量が多すぎて、参加者が混乱してしまう

■ 予備知識のない参加者の立場を十分考慮する

「大きな声で、はっきり、ゆっくり話す」。この基本中の基本ができてない説明者は少なくありません。それには、2つの理由があります。

1つ目は、説明者が参加者の状況を十分に理解していないこと。**説明者は、取り上げるテーマについて熟知していても、当然ながら、参加者は説明会当日に初めてその内容を聞く人がほとんど**。つまり、予備知識を持っていない、いわば初心者です。そのギャップへの理解が不十分なために、配慮に欠けた説明になってしまうのです。

それゆえ、「説明が早くて、理解が追いつかない」「話すスピードが速すぎる」などの苦情が出てきてしまいます。

説明者は、多少丁寧すぎるくらいのつもりで説明することを心がけましょう。また、話すスピードも、「、」「。」を意識して、ややゆっくりと話すようにしましょう。

■「参加者の皆さんに知ってほしい」という気持ちになる

2つ目は、説明者本人の焦りや緊張が理由の場合です。説明者の意識が「ぜひ、このテーマについて参加者の皆さんにわかってもらおう」と、事前に十分な準備を行っていれば、「大きな声で、はっきり、ゆっくり話す」ことができます。

しかし、「説明は苦手だ。早くこの時間が過ぎ去ってほしい」などと思っていると、参加者に聞いてもらうことがメインではなくなり、ただ時間の経過だけを願うことになってしまいます。

こうなると、声が小さい、もごもごとして聞き取れない、早口となってしまうなど、参加者に聞きづらいものとなってしまいます。これでは、せっかくよいテーマであっても、参加者のストレスは高まるばかりです。誰しも緊張するのは仕方ないことですが、それを防ぐためにも説明原稿で繰り返し練習しましょう。事前の練習を繰り返せば、誰でも上手く話せるようになっていきます。

第5章 わかりやすい！ スムーズな説明のコツ　099

6 1回の説明は20分以内とし、親しみある態度で

20分以内で的確に説明を行おう

説明会の時間配分

○当初の議題（案）

議題1　観光計画の概要について（A係長　20分）
議題2　市内の観光拠点について（B係長　10分）
議題3　観光ボランティアについて（C係長　5分）
議題4　外国語講座の開催について（D係長　5分）
議題5　今後のスケジュールについて（E係長　10分）

○修正案

議題1　観光計画の概要について（A係長　20分）
議題2　市内の観光拠点について（B係長　10分）
議題3　観光ボランティア・外国語講座について（C係長　10分）
議題4　今後のスケジュールについて（E係長　10分）
※　議題3と4は説明が短く、テーマが類似しているため統合

▌ 1回の説明が長いと聞き手は飽きてしまう

参加者への説明は、1回当たり20分以内が妥当です。

例えば、「議題1　スポーツ振興計画の概要について」をA係長が説明し、「議題2　屋外スポーツ施設について」をB主任が説明する場合、それぞれの20分以内で収めると、参加者は理解しやすくなります。

これは、聞く立場になれば理解できると思うのですが、1回の説明があまり長いと「一度に、そんなに多くの説明をされても理解できない」と感じたり、聞き手の集中力が続かなかったりするからです。

なお、このように議題により説明者が変わる場合はよくありますが、**説明者は多くても5人くらいまでが適当**です。説明者の人数が多く、頻繁に説明者が変わるのも、聞き手にとって説明に集中できなくなります。また、頻繁に議題が変わるのも、わかりにくいものです。このため、説明者は多くても5人くらいが妥当です。

▌ 説明が長くなる時は、途中で参加者の反応を確認する

仮に「議題1　スポーツ振興計画の概要について」の説明が20分以上必要なのであれば、1回説明を中断して「ここまでの説明で、何かご質問はあるでしょうか」と、参加者の反応を見ましょう。

参加者を無視して、そのまま長々と説明を続けても、参加者の気持ちは説明から離れていくだけです。参加者が理解しているかを確認する意味からも、途中で反応をうかがうことが大切です。

▌ 親しみある態度で話す

また、正確さを追求するあまり、参加者にとっては聞きづらい・わかりづらい説明になってしまうことがあります。「上から目線で話す」「抑揚なく、ただ淡々と説明している」のでは、参加者の反発を買うだけです。20分以内の短い時間であっても、親しみある態度で語りかけるように心がけましょう。

第5章　わかりやすい！　スムーズな説明のコツ　101

7 原稿ばかり見ないで、アイコンタクトを

アイコンタクトで参加者とコミュニケーションを取る

アイコンタクトの効用

❶参加者の反応が何となくわかる

頷いている人＝理解している人、眠っている人＝興味がない人、などと簡単には完全に決めつけないこと。眠っているのは、その説明のことを既に十分知っているということもあります。

❷目的

説明者から視線が送られると、参加者は若干緊張するものです。アイコンタクトをすることで、参加者を眠らせない効果もあります。

❸結語

説明者が原稿ばかり見ていては、やはり参加者は説明者の真実さを疑ってしまいます。アイコンタクトで熱意を伝えます。

▌ 原稿ばかり見ている説明者は不気味

　説明者がずっと説明原稿ばかりを見ていると、参加者は違和感を覚えてしまいます。例えば小学校の卒業式での来賓祝辞をイメージしてください。その来賓が祝辞を述べる際に、ずっと原稿ばかり見つめて、卒業生や出席保護者に目を向けなかったとします。これでは、いかに祝辞の内容が素晴らしくても、誠実さは伝わってきません。

　フォーマルな会合であれば、こうした光景はよく見られますが、説明会では、参加者に理解してもらうことが重要です。原稿ばかり見ている説明者では、誠実さを感じられませんし、真剣さも疑ってしまいます。傍目で見ても不気味です。

▌ 適切なアイコンタクトを

　もちろん、原稿を見ずにすべての内容を暗記して話すのは、現実的ではありません。そこで大切なのが、説明の途中で参加者とアイコンタクトを行うことです。

　このとき、同じ人ばかり見るのでなく、会場全体を見渡し、いろいろな参加者がどのような態度で聞いているのかを確認しましょう。説明会での参加者の反応は十人十色。説明に頷いている人、眠っている人、説明を理解しているのか、いないのかわからない人など、いろいろな人がいます。

　これまで説明会や研修講師などを行ってきて思うのは、頷いている人が必ずしも理解しているとは限らないものの、同意している様子は、話している立場からするとありがたいものです。

　反対に、完全に爆睡していたり、まったく理解していない様子だったりを見ると、心情的にへこんでしまうかもしれません。しかし、そもそも万人が完全に理解してくれることなど期待できません。そんなときは、**数少ない「頷いてくれる人」へのアイコンタクトを多目にして、心の安静を保つ**とよいでしょう。

第5章　わかりやすい！　スムーズな説明のコツ　103

8 資料に書いていないことを話し、興味を引く

資料と全く同じ説明では、参加者は納得しない

資料にない内容で、説明に入れると効果的なもの

❶ 他の自治体の事例

「隣の〇〇市では、…となっている」「本県の中では、△△だ」など。

❷ テーマの背景

「このような事業を実施することになった経緯として、実は〇〇という背景があるのです」

❸ 小ネタ

「本日、この保育園の改築計画について説明させていただいておりますが、実は私もこの保育園の卒園生なのです……すいません、テーマには直接関係ないことを申し上げました」

104

■「資料を読めばわかるよ！」と苦情が来る

　資料に書いてある内容をそのまま読み上げる説明を聞いて、「言っていることは、資料に書いてあることだけじゃないか。それだったら、読めばわかるよ」と思ったことはありませんか？

　正直なところ、こうした説明を上手だと思う人はいないでしょう。一字一句、間違いなく伝えることは一番の目的であれば、それも致し方ないものの、住民説明会では、参加者の興味・関心を引くことが重要です。

　資料に書かれていないことにも言及したほうが、参加者の興味を引くためには効果的です。具体的には、いくつかの手法があります。

■ 事例や参考となる事柄に触れる

　まず、資料に関係する内容について、他の事例や参考となるような事柄にも言及してみましょう。

　例えば、「このように、本市では低年齢児専用の小規模保育園を整備し、待機児解消に努めています。**ちなみに、資料にはありませんが、このように小規模保育園を整備して待機児童対策を行っている自治体は、○○県では本市が初めてなのです。**このため、実は全国からも注目されているのです」といった具合です。

　そうすると、自治体の施策について、より客観的・複合的な視点で見ることができますので、参加者の興味を引くことができます。

■ テーマに関係ない小ネタを入れる

　資料やテーマとはまったく関係ない話題を話してみるのもよいでしょう。例えば、「ちょっとテーマから外れますが、実は……」などと話し始めると、参加者はぐっと話に引き込まれます。

　ただ、あまり突拍子もない内容では、参加者から「それがどうした！」と突っ込まれてしまいますので、内容には精査が必要です。

第5章　わかりやすい！　スムーズな説明のコツ　**105**

9 動画・DVDの活用

参加者に一目でわかり、効果も大きい

動画・DVDの活用事例

❶防災説明会

防災課が所有しているDVDを防災説明会で放映

❷マイナンバー

国が作成したマイナンバーに関するDVDを説明会で放映

❸各種計画の策定

自治体がケーブルテレビに制作を依頼した番組を放映

❹事業紹介

自治体のHPにある動画を活用

配付資料よりも一目瞭然

　住民説明会で、参加者にわかりやすく伝えるためには、動画や DVD を活用することも有効です。

　例えば、防災に関する説明会で DVD を用いて、実際に大地震が発生したときのドラマなどを放映することがあります。

　これは、大地震の様子を映像で見てもらうことによって、倒壊したビル、ライフラインの断絶、大量の帰宅困難者、負傷者のトリアージなど、より大地震の状況をリアルに伝えることができます。これらを言葉で説明したり、イラストの資料で配付したりしても、参加者の理解度を考えると映像にはとてもかなわないのです。

参加者に基本情報を提供できる

　また、職員からの説明前に放映することで、参加者に基本的な知識を提供することもできます。

　例えば、説明会の冒頭に、ケーブルテレビに制作を依頼した、「現在、〇〇市では基本構想の策定作業を行っています」という自治体の広報番組を放映します。これにより、「基本構想とは何か」「どのような過程で策定されるのか」「基本構想に含まれる内容は何か」などの基本情報をまとめて参加者に映像で提供できるのです。言葉で説明するよりもわかりやすく、参加者にとっても基本構想に関する基礎知識を一度に得ることができます。その後の説明では、映像にはない情報を補足すればよいので、基本的な説明は省略できます。

　なお、こうした映像を使うことは、説明会全体を考えてもよいアクセントになります。単に職員の説明をずっと聞いているよりも、参加者にとっては息抜きにもなります。

　意外に説明会で活用できる動画や DVD があるので、探してみましょう。参加者の理解度が高まるだけでなく、職員の説明も省くことができて、一石二鳥です。

第5章　わかりやすい！　スムーズな説明のコツ　107

10 司会は参加者からの質問を上手に受ける

質問を上手く受け付けて、参加者の満足度を高める

司会の質問への対応例

❶質問がなかなか出ない場合

「身近なことでも、細かい点でも結構ですので、どうぞ何かありましたらご質問ください」

「特にご質問がないようでしたら、本日の説明会の感想でも結構ですので、いかがでしょうか」

❷同じ人が繰り返し質問してくる場合

「できるだけ多くの方から質問を頂戴できればと思っております」

❸テーマに関係ない質問が出た場合

「貴重なご意見ありがとうございます。ただ今いただいたご質問については、本日担当する職員がおりませんので、後日、担当の部署に伝えさせていただきます」

同じ人ばかり指名しない

　各議題の説明後は、質疑応答の時間となります。各議題の後にそれぞれ質問を受け付け、すべての議題終了後に、改めて「本日の議題はすべて終了しましたが、改めて最後に質問をお受けしたいと思います」と、まとめの質問を受けることもあります。

　このように、参加者からの質問を受ける場合、一般的には司会者が参加者に「質問のある方はいらっしゃいますか」と質問を促します。このとき、司会者は、次の点に注意が必要です。

　第一に、**同じ人ばかりを指名しない**こと。質問はできるだけ多くの参加者から受け付け、多くの人の疑問を解消したほうが、参加者の満足度は高まります。多くの人を指名することを心がけましょう。

　しかし、特定の参加者しか挙手せず、何度も質問を繰り返してくることがあります。仮に同一の参加者が3回質問して、4回目の質問のために挙手してくるようなことがあれば「できるだけ、多くの方からご質問をいただければと思いますので、他の方もいかがでしょうか」と、少し時間を設けて、他の参加者に質問を促すようにします。

幅広く質問を受け付ける

　第二に、**質問内容ができるだけ偏らないように、広く受け付けること**。これは、議題が複数あった場合に、特定の議題だけに偏らず、いろいろな議題について質問してもらうように誘導するということです。ただし、特定の議題に参加者の関心が高いため、質問が集中することも当然あります。

　また、質問の内容が質問者個人に関わることで、それ以外の参加者にはほとんど関係ないような質問が続くと、大多数の参加者は飽きてしまうものです。こうした際にも、一般的な質問に変えてもらったり、個人的な質問は説明会終了後に個別に答えたりするなど、交通整理を行っていきます。

第5章　わかりやすい！　スムーズな説明のコツ　109

11 終了時刻・説明時間は厳守する

終了時刻を守ることは参加者へのマナー

終了時刻を超過してしまう事例

❶ 説明者が持ち分の時間を超えて説明

説明者の準備不足が原因

❷ 説明の途中で参加者が質問してしまう

「説明の後に、質疑応答の時間を設けますので、ご了承ください」と参加者の理解を得る（軽微な質問であれば答えてしまうことも）

❸ 質問者が多い

終了予定時刻で、いったん説明会を終了して、その後質問を受ける

❹ 特定の参加者の質問時間が長い

質問の途中で、「できれば多くの方から質問をお受けしたいと思いますので、できましたら質問をまとめていただきますと助かります」と伝える

■ 質問者が多い場合は、説明会終了後に受け付ける

　説明会の終了時刻は、厳守することが必須。なぜなら、参加者は忙しい中、時間を割いて説明会に出席しています。また、説明会後に予定のある人もいるでしょう。定刻に終了せず、そのまま説明会を続けていると、帰りたい人が帰れなくなってしまいます。

　しかし、質疑応答の時間を過ぎても、まだ多くの質問者がいることがあります。こうした場合は、**「終了時刻となりましたので、ここで説明会はいったん終了とさせていただきますが、質問のある方にはこの後もお答えしますので、どうぞそのままお残りください」と伝え、質問に対応します。**その際には、説明会形式のまま参加者のいる前で質問に答えるだけでなく、質問者が多い場合には、複数の職員がそれぞれの参加者に個別に質問を受けることも想定できます。

　もちろん、予定していた終了時刻前に説明も質疑応答も終わってしまったときは、終了時刻前に説明会を終了しても構いません。ただ、その際も「まだ、時間もありますので、細かな点でも結構ですので、ご意見があればお願いします」と参加者に質問を促します。

■ 説明時間を守らないとスケジュールが狂ってしまう

　終了時刻を厳守するためには、それぞれの説明者が与えられた説明時間を守ることが最低条件となります。そうしないと、説明会全体のスケジュールが狂ってしまいます。

　もちろん、短時間であれば問題ないのですが、大幅な時間超過は説明者としては問題です。やはり、当該職員の準備不足と言わざるを得ません。この点からも、やはり説明原稿を準備し、事前に時間の把握を行っておきます。

　なお、全体のスケジュールの管理という意味では司会の役割は重要です。時間を超過する説明者にはそろそろ時間であることを、さりげなく伝えるなど、時間調整を行います。

第5章　わかりやすい！　スムーズな説明のコツ　111

第6章

これでOK！住民からの質問や苦情への対応

質問は議題ごとに聞くか、最後にまとめて聞く

議題ごとに質問を受け付けたほうがよいケースもある

議題ごとに質問を受ける場合の
司会者発言例

（例1）
「議題1の説明は以上となります。説明の内容が多かったので、いったんここで質問をお受けしたいと思います」

（例2）
「議題1の説明は以上となります。くり返しになりますが、ただいま申し上げたとおり、本件のポイントは……となります。少しボリュームがありましたので、この議題について質疑応答の時間を設けたいと思いますが、いかがでしょうか」

（例3）
「次の議題2は、今の議題1を踏まえた上での説明となります。このため、現段階で何か質問や確認しておきたい点はありますでしょうか」

1つの議題の分量が多い場合

　質疑応答は、議題ごとに行うか、それとも最後にまとめて行うほうがよいでしょうか。

　どちらがよいかは、テーマや説明の内容によって異なります。一般的に、テーマ全体の分量が少ないのであれば、最後にまとめて質疑応答の時間を設ける方式で構わないのですが、次のような場合は、議題ごとに質問を受けたほうが得策です。

　まず、**1つひとつの議題の分量が多い場合は、できるだけ早く参加者の疑問を解消することを心がける**必要があります。参加者が「今の説明だけでも十分ボリュームがあるのに、もう次の議題なの？」と困惑してしまわないよう、聞き手の立場で、「この説明の後、すぐに次の議題に移っても理解できるか」を検証しましょう。

　説明者は、自分が既に説明内容を十分知っているので、「参加者もわかっているはず」と誤解しがちです。しかし、本当に大丈夫なのかを確認しておく必要があります。

前の議題を理解していないと、次の議題が理解できない場合

　次に、前の議題の内容を理解していないと、次の議題の内容が理解できないような場合も、議題ごとに質疑応答を行います。

　例えば、保育園に指定管理者制度を導入するための保護者説明会を行う場合に、議題1として「指定管理者制度の概要」を、議題2として「保育園の運営方法の変更」について説明するとします。この場合、議題1を理解していなければ、議題2について説明されてもよくわかりません。このように、**順を追って参加者に理解してもらいながら説明していく場合にも、議題ごとに質問を受けたほうがよい**でしょう。

　たとえ最後に質問を受ける場合でも、説明会途中で、参加者がそれぞれの議題を理解しているのか、参加者の反応や雰囲気などで確認しておいたほうがよいでしょう。

第6章　これでOK！　住民からの質問や苦情への対応　**115**

2 質問が出ないときは、身近な事柄に置き換える

参加者が質問しやすいように、司会者や説明者が促す

質問が出ないときの司会者の発言例

（例1）
「細かい点や気になった点、何でも結構です。せっかくの機会ですので、お気軽にご質問ください」

（例2）
「質問でなくても、意見や感想でも結構ですので、いかがでしょうか」

（例3）
「本日のテーマとは直接関係のないことでも、何かありましたらどうぞご発言ください」

質問や発言のハードルを下げる

司会者が質問を促しても手が上がらないこともあります。

しかし、「何かご質問はありますか？……ないようですね。では、説明会を終了します。ありがとうございました」と告げてしまっては、アリバイづくりのための説明会だと疑われても仕方ありません。

テーマによっては、なかなか質問が出てこないこともありますが、どうしたら参加者から質問が出やすくなるかを整理してみましょう。

まず、質問や発言に対する、参加者の意識的なハードルを下げてください。参加者は、「こんなことを聞いたら、レベルが低いと思われるのでは」など、躊躇してることが少なくありません。そこで、「気になった点など、何でも結構です。せっかくですので、お気軽にご質問ください」「意見や感想でも結構ですので、いかがでしょうか」などと促します。場合によっては、「本日のテーマとは直接関係のないことでも、何かありましたらどうぞご発言ください」と言うことも考えられます。

身近な事例の説明や重要な点を繰り返す

また、テーマについて改めて身近な事例で説明したり、重要な点を整理して伝えたりするなど、別な角度から説明を行うのも有効です。

例えば、「本日は障害者計画について説明させていただきましたが、皆さんの生活の中で歩道の段差とか施設の階段などでご不便を感じることもあろうかと思います。このようなバリアフリーなども、本計画では触れています。日頃の生活の中で感じることでも構いませんので、何か質問などはないでしょうか」などと身近な例を示すのです。**ただ質問を待つだけでなく、司会者などが何か話して場をつなぎ、質問を促す**ことを心がけましょう。

どうしてもなければ、「それでは、説明会はここで終了としますが、何かあれば、近くの職員に気軽にお声がけください」と言うこともあります。

質問は途中で遮らず、最後まで聞いて答える

発言途中で質問の内容がわからなくても、ひとまず最後まで聞く

最後まで聞いても、質問がよくわからなかった場合

❶ 質問の趣旨を確認する

「ご質問のご趣旨は、通学区域を変更するのでなく、どの学校でも自由に行ける制度、つまりは学校選択制度を導入したらどうか、というご質問かと思います」

❷ 質問項目を整理する

「多岐にわたるご質問・ご意見をいただき、ありがとうございます。ご質問については、大きく3点かと思います」

❸ 質問か意見か判断できない場合

「ご意見ありがとうございます。幅広い内容でしたが、私たちのほうで、お答えしたほうがよい点はありますでしょうか」

参加者自身が質問をまとめていない

　質疑応答では、参加者の質問の意味がわからないときがあります。職員は「質問に答えなくてはいけない！」と焦ってしまうかもしれませんが、「今のはどういう意味ですか？」「つまり、聞きたいのは○○ということですか？」と質問を遮ってしまうのは NG。ひとまず参加者からの発言を最後まですべて聞きましょう。

　なぜなら、参加者自身が質問を上手くまとめきれていないからです。大勢の中で質問することは、参加者にとっても大きなプレッシャーです。このため、聞きたいことは 1 つなのに、いろいろなことに言及してしまい、なかなか質問までたどり着かないことがあります。

　それにもかかわらず、職員が急かして質問を遮ってしまうと、参加者はさらにプレッシャーを受けることになってしまいます。このため、途中で疑問が生じても、基本的には最後まで耳を傾けましょう。

参加者自身が話すことに意味がある

　また、途中で口を挟まないのは、双方向を重視するため、質問の内容にかかわらず、参加者自身が話していることに意味があります。

　質疑応答の時間までは、基本的に職員だけが話しているはずです。これは説明会の性格上やむを得ないことなのですが、参加者から見れば一方的に聞いているだけです。

　これでは、参加者は「主体的に説明会に参加している」という意識を持てません。しかし、**たとえ 1 人でも参加者が質問を始めれば、説明会が双方向になります。**質問をしていない他の参加者から見ても、単に一方的な説明を聞いているだけでなく、住民も一緒に参加しているように見えてくるのです。

　質問を遮ってしまうと、どうしても一方的な印象になることは否めません。だからこそ、質問は最後まで聞くことが必要です。

第 6 章　これで OK！　住民からの質問や苦情への対応　　119

4 質問してくれたことへのお礼を忘れない

お礼を回答パターンに入れておく

質問への回答パターンの例

❶お礼

「質問いただき、ありがとうございます」

❷質問の確認

「3点のご質問をいただきました。1点目は、なぜ今回市道の工事を行う必要があるのか、というご質問でした」

❸回答

「一般的に道路にも寿命があり……」

❹お礼

「ご質問、ありがとうございました」

■ 回答の最初と最後にお礼を述べる

　参加者の質問には、お礼を伝えることを忘れないようにしましょう。

　よくあるのは、回答の最初と最後にお礼を言う形です。例えば、「**ご質問いただき、ありがとうございました。**スポーツ推進計画の策定後、計画はどのように活用されるのか、というご質問でした。実際の活用ですが……（略）。以上のように、ただ今回計画をつくるだけでなく、住民や関係団体の皆さまとその進捗状況について、毎年確認を行っていきます。お答えは、以上となります。**ご質問、ありがとうございました**」のような回答です。このように回答は、パターン化できます。

　単に、「スポーツ推進計画の策定後の活用状況はどうかとのご質問ですが、これについては…（略）。以上です」と回答するよりは、非常に丁寧な印象を受けます。参加者も、「質問してくださって、ありがとうございます」と言われれば、悪い気持ちはしないはずです。また、説明会が自治体の一方的な説明だけでなく、参加者と一緒になってつくり上げているというイメージが残ります。

■ 質問の内容へのお礼

　また、上記のような質問自体へのお礼だけでなく、質問の内容についてお礼を述べると、質問者の心に直接響きます。

　例えば、「ご質問は、大震災の際には公的機関からの救助はあまり期待できないのではないか、ということでした。まさにそれが本日ご説明した防災上の課題です。**ポイントをついたご質問を、ありがとうございます**」といった具合に、的確な質問への感謝を伝えるのです。

　少し持ち上げているように思われるかもしれませんが、テーマへの的確な質問は、説明会成功の大事な要素とも言えます。素直にお礼を述べても、問題ありません。お礼は、真摯に質問に回答する姿勢の表れでもあります。わざと意地悪な質問をしてくる参加者でも、お礼の効果で意外に収まってくれることもあります。

第6章　これでOK！　住民からの質問や苦情への対応　　121

5 質問や意見を提出してもらってから、回答する

説明会当日の口頭質問以外に、文書質問の方法もある

文書質問の利点

❶匿名とすると意見が出やすい

一方で、質問の質が低下するおそれもある

❷説明会当日に回答する場合には、時間を効率的に使える

質問数が事前に把握でき、同種の質問にまとめて答えられる

❸的確に質問がまとめられていることが多い

文字で書くと口頭で伝えるよりも具体的で正確になる

❹参加者の質問へのハードルが低くなる

大勢の参加者がいる前で質問するよりも、気楽に質問できる

説明会前に質問票を配付する

　質疑応答は、議題ごとに時間を設けるか、すべての議題終了後にまとめて行うのが一般的です。しかし、場合によっては事前に質問や意見を提出してもらい、その後に回答する方法もあります。

　1つ目は、説明会前に参加者へ質問票を配付しておく方法です。例えば、保護者向けの学校増改築説明会など、参加者が決まっており、そのテーマについて参加者がある程度知っている場合に用いられます。

　この例であれば、保護者の関心も高いことから、説明会の出欠確認とともに質問を書いてもらい、保護者がどんな疑問や意見を持っているかを把握しておけば、効率的・効果的に説明会を進行できます。

　なお、当然ながら、説明会では事前の質問や意見だけに答えるのでなく、説明を聞いた後で感じた疑問などにも答えることとなります。

説明会を2部制にする

　2つ目は、説明会を2部制にして、1部で説明、2部で質問への回答とする方法です。この場合、1部と2部の間に休憩時間を設けて、その間に質問を提出してもらいます。

　この方法の利点は、**質問者が匿名でも構わないこと、事前に質問数が判明するために時間を効率的に活用できること、同種の質問にまとめて答えられること**などがあります。

説明会後に質問票を提出してもらい、後日回答する

　3つ目は、説明会後に質問票を提出してもらい、後日回答するものです。説明会で時間が不足してしまったとき、「本日お答えできないものは、後日市のホームページに掲載します」などと伝えます。この方法は単独で用いることはなく、他の方法と併用されます。

6 関係ない質問も、行政への注文と割り切る

関係ない質問も遮らず、お礼と対応を伝える

テーマに関係ない質問への対応例

❶担当に伝える

「ご質問ありがとうございます。〇〇についてご質問いただきましたが、これについては、本日担当している職員はおりませんので、市役所に戻りましたら担当に伝えます」

❷持ち帰らせてもらう

「△△については重要な課題と考えておりますが、これについてはなかなか市役所だけで対応するのは難しい面もあります。本日のところは、持ち帰らせていただきます」

❸後日ホームページに回答を載せる

「ただいまのご質問については、担当部署に確認しまして、後日ホームページに回答を掲載させていただきます」

▌ テーマに関係ない質問でも、最後まで聞く

　質疑応答では、思いもよらない質問が出てくることもあります。

　高齢者がいきなり身の上話を始めてしまったり、市役所への苦情を言い続けたりすることもあります。ときには、他部署の業務内容に関する質問もあります。

　質問が出ないため、「本日のテーマとは直接関係のないことでも、何かありましたらどうぞご発言ください」と質問を誘導する場合もあるため、仕方ない面もあるのですが、なかなか答えにくいのも事実です。そこで、こうしたときにどう対応すればよいか、整理しておきましょう。

　まず、**テーマに関係ない質問でも、最後まで聞く**こと。質問を途中で遮ると、参加者にもプレッシャーになりますし、双方向の様子が断絶された雰囲気になってしまいます。

　ただ、質問者が多くて、テーマに関係ない話をしていると、他の参加者がいらついてしまうこともあります。そうしたときは、話の途中でもやんわり制止することもあります。

▌ 関係ないと拒絶するのでなく、質問を受け止める

　その上で、テーマに直接関係ないため、答えられないことを明確にした上で、今後の対応について述べます。例えば、「ご質問ありがとうございます。○○についてご質問いただきましたが、これについては、本日担当している職員はおりませんので、市役所に戻りましたら担当に伝えます」といった具合に伝えます。

　いずれにしても、「それはテーマと関係ないのでわかりません」などと突き放すのは NG です。テーマに関係ない質問であっても、広い意味で行政への注文と割り切りましょう。

第6章　これで OK！　住民からの質問や苦情への対応　**125**

7 「できる」「できない」は明確にする

「できない」ことを明確にしないと、後で混乱を招く

「できない」ことを説明する

❶ 法令上の根拠がある
例：条例上、できないことが規定されている

❷ 比較考量
例：ごみ置き場の設置場所をＡとＢ地区で検討した結果、影響の少ないＡ地区を選定した

❸「できる」とすると、制度上、問題がある
例：当該施設について5歳未満の利用可とすると、施設内にある器具の利用可能対象者(6歳以上)と矛盾が出る

❹「できる」とすると、不利益を受ける者が出る
例：市立公園で喫煙可とすると、保育園児などに影響が出る

質問への回答も「まず結論、次に理由」を

参加者の質問にうまく回答できない職員には、いくつかの共通項があります。

1つ目は、**正確さを重要視しすぎて、わかりにくい回答になってしまう**ことです。例えば、「青少年センターが工事期間中で使えないため、登録団体に可能だった優先予約を、他の施設では活用できないのか」という質問があったとします。

このような場合、実際には「A文化センターならできるが、B市民センターではできない」などといろいろ細かい条件があることがよくあります。職員は、正確さを期すために、こうした条件から説明してしまいがちなのですが、質問者が求める回答は「できるのか、できないのか」です。結論を後回しにしてしまうと、質問者はいらだってしまいます。こうした場合は「できます。ただし、次の場合はできません」などと結論を先に述べることが大切です。説明だけでなく、質問への回答も「結論が先、理由は後」を肝に銘じておきましょう。

説明会では行政と参加者が同じ認識を持つ

2つ目に、**本当は「できない」のに、参加者を意識してしまい、明確な回答を避けたがる**ことです。本当は不可にもかかわらず、参加者の目を気にして、あいまいな返事をしてしまうのです。

「なぜ、できないんだ！」と厳しい参加者からの発言があると、つい気後れしてしまいますが、そこで態度がぶれてしまうと、後々混乱を招いたり、不信感を高めたりするだけです。

行政と参加者が同じ認識を持たないと、せっかく説明会を開催した意味がなくなってしまいます。できないときは、明確に「できない」と答えることが必要です。

8 その場で回答できないときは、持ち帰る

参加者の許容範囲であれば、答えないこともある

その場で回答できないときの対応

❶質問者へ個別に連絡

質問者だけに回答がわかればよい場合などは、後日電話やメールで回答する

❷参加者全員に文書で周知

保護者会など参加者が特定している場合などは、参加者すべてに周知したり、説明会会場に掲示したりする

❸ホームページに掲載

説明会開催のサイトなどに質問への回答を掲載

▌ 原則は持ち帰って、後日答える

　参加者からの質問は、何が飛び出してくるかわかりません。直接テーマに関係のない質問、テーマに関連していてもその場で答えられるものから、即答できないものまでいろいろです。

　ここでは、その場で回答できない質問をどうするかについて、説明しておきましょう。

　基本的には、即答できない質問は、持ち帰ってから回答します。ただし、それは**その質問がテーマに直接関係しており、回答を質問者へ伝えないと消化不良につながる場合**です。

　つまり、「その回答を伝えないと、不親切に見える」ような質問です。内容によっては、質問者だけでなく、当日の参加者全員に伝えることもあります。例えば、保育園の保護者会のように、参加者が特定されている場合は、文書で別途回答することもあります。

　また、ホームページに「説明会当日のご質問について」などのタイトルで、回答をまとめて掲載することもあります。なお、「うちの近所では、どうなりますか？」のような個人的な質問については、質問者だけに連絡すれば十分ということも当然あります。

▌ 回答しないこともある

　説明会当日、質問に回答できなくても、あえてその後も回答しないこともあります。それは、そもそも質問者が回答を深く求めていなかったり、質問がそもそもテーマとあまり関係なかったりする質問などです。

　具体的な例を示すことは難しいのですが、簡単に言ってしまえば、**その質問に答えなくても、参加者に許容される場合**と言えます。こうした場合には、回答できなくても、そのままにすることがあります。

　なお、テーマに直接関係のない質問については、担当部署に伝え、そこから質問者に回答してもらうこともあります。

第6章　これでOK！　住民からの質問や苦情への対応　**129**

「説明がわからない」と言われたら視点を変える

参加者目線になっているかを検証し、説明方法を変える

「説明がわからない」との意見が出たときの対応例

❶謝罪

「説明がわかりにくく、申し訳ありません」とまず謝罪する

❷不明点の確認

「どのような点がわかりにくかったですか」と、参加者がどこまで理解しているのかを確認する

❸不明点の再度の説明

不明点がわかったら、その内容について視点を変え、より参加者目線に立って説明する。少しゆっくりめに話しながら、途中で「ここまではご理解いただけましたか」と、参加者の理解度を確認する

「説明がわかりにくい」理由

　説明の途中で参加者から「説明がよくわからない」「何を言っているのか、理解できない」などの苦情を言われることがあります。

　苦情が出る理由は、大きく以下の4つです。

①役所視点で説明している

②専門用語やお役所言葉を多用している

③話す速度が速い

④資料がわかりにくい

　いずれにしても、説明する側と聞き手の側との間にあるギャップを埋める必要があります。

参加者の生活感覚を考えて説明する

　具体的な対応としては、まずお詫びし、参加者に「どのような点がわかりにくいですか」と確認した上で、改めて説明します。その際、前と同じ説明方法でなく、視点を変えることが重要です。

　参加者が「わかりにくい」と感じている場合、それは「実感が持てない」ともいえます。そこで、日々の生活の中でどのような影響があるのか、高齢者や児童生徒などの立場によって違うのか、1年間の中でどのような違いがあるのかなど、参加者の生活感覚を考えながら説明します。なお、再度の説明では、話す速度もややゆっくりにし、「ここまでの説明は大丈夫でしょうか」と参加者の理解度を確認しながら、説明を進めていくことも有効です。

　なお、**大多数の参加者が同様に感じているのか、その発言をした参加者だけなのかも確認しておきましょう。**大多数の参加者は理解しているのに、特定の参加者のみ理解しておらず、その声が大きい場合があります。そうした場合には、「いったん、最後まで説明させていただき、この点については後ほどまた個別に説明させていただきます」と、その参加者に理解を求めることもあります。

第6章　これでOK!　住民からの質問や苦情への対応　　**131**

10 「説明が一方的だ」と言われても、ぶれない

参加者の意見に妥協してしまうと、説明会は混乱する

参加者の意見に、態度がぶれてしまう例

参加者A：新清掃工場をX地区に建設するのは賛成できない。必要性は理解できるが、文教地区とも言える場所に建設するのは適当でない。役所の説明は一方的だ！

職　　員：しかし、先ほど説明しましたように、候補地3か所について用地の広さ、周辺環境への影響、整備費などを比較検討した結果、X地区が妥当と判断したのです

参加者A：では、X地区以外ではあり得ないと断言できるのか？

職　　員：いや、あり得ないと断言できるとまでは……

参加者A：断言できないなら、他の地区も検討できるということではないか。ならば、さらに候補地を検討すべきだ！

迷惑施設の建設に「役所の説明は一方的だ」との批判

説明会のテーマによっては、役所の主張や考え方を参加者に理解・同意してもらう必要があります。例えば、迷惑施設と呼ばれる施設の整備計画のような場合です。こうした場合、住民は「施設の必要性は理解できるが、自宅の近くには建設しないでほしい」という意識を持つことがよくあります。いわゆるNIMBY（Not In My Backyard／"私の裏庭には作らないで"の意）です。

自治体としては、当該予定地に施設整備を行うメリット・デメリット、住民など周辺環境への影響、費用対効果など、あらゆる視点で検討し、総合的に判断として当該予定地に決定しているはずです。そして、説明会では、施設の必要性はもちろんのこと、当該予定地の妥当性についても、できるだけわかりやすく、かつ論理的に説明します。

しかし、それでも「説明が一方的だ」「それは役所の論理だ」と一部参加者から苦情は出てきてしまうものです。こうした場合に、自治体職員は対応に困るのですが、参加者の厳しい意見にも毅然として、態度がぶれるようなことがあってはいけません。

説明がぶれると、他の参加者にも疑念を抱かせてしまう

ある参加者が「説明が一方的だ」と言い、その参加者が「役所は○○と言っているが、△△とも考えられるのではないか」と対案を出してきたり、「○○という説明があったが、それはおかしい」と論理的な瑕疵を指摘されたりした場合、反論が可能なのであれば、丁寧に説明することも必要です。それにより、議論が深まることも当然あります。

しかし、**参加者の指摘に妥当性がなく、反論のための反論であったり、単なる役所への言いがかりであったりする場合には、毅然とした態度で同じ説明を繰り返し、ぶれないことが必要**です。仮にぶれてしまうと、他の参加者にも疑念をわかせてしまい、説明会が混乱してしまう恐れがあります。

11 参加者が対立しても、一方の味方にならない

役所はあくまで公平中立の立場で対応する

役所が議論を引き取るための発言

（例1）
「たいへん多くのご意見をいただき、またご議論をいただきましてありがとうございます。基本的には、本日説明させていただいた内容で実施することを考えておりますが、修正できる点は修正させていただきたいと思います」

（例2）
「皆様には、大変ご熱心にご議論いただきまして、誠にありがとうございます。さまざまなご意見がありましたが、私どもでは気づかなかった点のご指摘も多々ありました。本日のところは、先ほど説明した内容で大枠進めさせていただきたいと考えておりますが、改善できる点については、反映したいと考えております」

一方の参加者の肩を持つと、禍根を残してしまう

　迷惑施設建設などの説明会では、参加者が賛成派と反対派に二分してしまい、双方が激しい議論を交わすことがあります。

　整備を行いたい役所としては、賛成派に与したいと思うこともあるでしょう。しかし、その場合でも表立って態度に表すのは禁物です。なぜなら、役所が与しない、一方の参加者に禍根を残してしまう可能性があるからです。

　説明を行う職員が、明らかに一方の主張を肯定し、反対側を否定してしまうと、反対側は立つ瀬がなく、見方によっては悪者のようになってしまい、孤立させてしまうことになりかねません。孤立した参加者は面白いはずがありません。今後、関係を良好に保つことができなくなり、あらゆる面で不都合なことが生じてくるかもしれません。本来、中立公正である役所の立場を考えると、このような感情を参加者に抱かせることにメリットはありません。

「皆様に気持ちよくお帰りいただく」つもりで

　では、どのように対応したらよいでしょうか。

　まずは、すでに述べたとおり、表立って一方の味方にはならず、両者のやり取りを見守ります。その後、**両者が激しい議論になって収拾がつかないようであれば、役所のほうで議論を引き取る**形にします。

　例えば、「たいへん多くのご意見をいただき、またご議論をいただきましてありがとうございます。基本的には、本日説明させていただいた内容で実施することを考えておりますが、修正できる点は修正させていただきたいと思います」などのように、**両者の意見を少しでも取り入れる**ようにします。

　あくまで説明を行った自治体としては、「皆さんに気持ちよくお帰りいただく」くらいの気持ちで臨んだほうがよいでしょう。

第6章　これでOK！　住民からの質問や苦情への対応　**135**

12 悪質な妨害には、毅然とした対応を

わざと職員を困らせる参加者にも上手く対応しよう

苦情を言い続ける参加者への対応例

❶他にも参加者への配慮を求める

「他にも質問したい方がいますので、そろそろご意見をまとめていただけますか」「本日は、できるだけ多くの方のご意見を伺いたいと思っておりますので、ご協力をお願いします」

❷後で個別に対応する旨を説明する

「いろいろご意見がありますが、本日は多くの方に参加いただいておりますので、後で個別にお聞きします」

❸話題を転換する

「いろいろご指摘いただきましたが、本日はこれ以外にも〇〇や△△についても説明させていただきました。他の参加者の方で、これらについてご意見をいただければと思いますが……」

■ 苦情を言い続ける人には、複数の職員で対応する

　住民説明会では、ときに参加者から意図的な妨害や嫌がらせを受けることもあります。

　最も多いのが、とにかく役所への苦情や文句を言い続けるケースです。これは、テーマに関係があろうとなかろうと、何かしら関連づけて苦情を告げ、まるで役所を困らせることが目的のようなケースです。

　特定の人が延々と話していると、他の参加者から、「もう、その辺でいいんじゃないんですか」と諭してくれるようなこともあります。しかし、そうした助けがなかったとしても、テーマに関係ないことであれば、**「それは、本日のテーマではありませんので、後で個別にお伺いします」と、説明会から切り離すことが大切**です。

　仮に、テーマに関係している苦情であれば、複数の職員で対応して議論を戦わせる場合もあります。大切なのは、1人の職員にすべて対応させないこと。1人で対応せざるを得なくなった結果、メンタルに問題を抱えてしまった職員もいるので、注意してください。

■ 説明会の進行そのものを妨害するケース

　「このような議題の設定はおかしい」「こうした説明会を開催すること自体が間違いだ」などと言い、説明会の意義そのものを否定し、進行を妨害するようなケースもあります。

　職員が説明を始めると、「ちょっと待って。まずは、住民である自分の疑問に答えてほしい」などと進行を邪魔してくるのです。議題の設定や進行は、あくまで主催者である自治体の責任で行います。また、多数の参加者がいる中で、1人の意見を尊重する必要はありません。やはり、個別の意見は後で聞くことを伝えます。

　なお、当然ながら、会場の物を壊す、職員に手を触れるなどの妨害行動があれば、警察に連絡しても構いません。

13 参加者同士の議論を活発にするしかけ

参加者同士の議論を高めるために、議論を上手く誘導する

議論を活発にするしかけ

❶わざと極論を提示する

極論は実質的には実現は困難なもの、両極端の意見が出ると、自然とその間で議論が収まる傾向になる。
⇒ただし、「自治体の職員が、そんなことを言っていいの？」と疑われてしまう内容は不可。

❷自治体の視点を加味する

参加者同士の議論は、ややもすると参加者の属性などに応じた視点になりやすい。このため、公平性、公益性など、自治体の視点について言及すると、議論に深みが出ることもある。
⇒ただし、「それは役所の都合でしょう」と、単に自治体だけの利益を考えるような内容は不可。

■ わざと極論を提示して、議論を誘導する

　質疑応答の時間になり、自治体と参加者だけでなく、参加者同士で議論を行うこともあります。例えば、説明会で行った役所の提案に対し、賛成・反対の双方の立場から議論を行ったり、修正案や別の案について、参加者同士で議論したりするような場合です。

　こうした場合、役所の基本姿勢としては、その議論の行方を見守ります。あくまで、議論のオブザーバー的な役割になり、参加者から出た疑問や意見などに回答したり、コメントしたりします。

　一方で、ときには参加者同士の議論を活発化させるため、いくつかのしかけを考え、実行します。

　その１つが、わざと極論を提示して、参加者の議論を誘導することです。例えば、ごみ集積所の設置について、A地区内のXという地点を提案したものの、議論がまとまらなかったとします。そんなとき、「では、思い切ってXは止めて、A地区に集積所は置かないことにしますか。ただし、住民の方は他の地区へお持ちいただくことになりますが……」などと、あえて極論を言うのです。もちろん、**実現不可能な内容であり、住民もそんなことはできないと知っていますから、「どこかに決めなくては」という意識づけになる**のです。

■ 自治体の視点を提示して、議論を深める

　２つ目のしかけとしては、自治体の視点からのメリット・デメリットなどについて、時折コメントを入れます。なぜなら、参加者同士の議論が活発化するのはよいことですが、一方で参加者視点だけの議論となってしまう恐れがあるからです。そこで、役所にとって有利・不利ということでなく、地域全体の公平性、コストの多寡、他住民への影響など、議論に公平・公正な視点を加味するように仕向けるのです。

　こうすると、着眼点が増えて議論が深まります。最初からこれらを提示するよりも、議論の途中途中でコメントすると効果的になります。

第６章　これでOK！　住民からの質問や苦情への対応　139

14 想定しない議論になった場合の対応

テーマとの関連性によって、対応を変える

質疑応答終了の例

❶ 全員に発言してもらう

全体の参加者数が少なく、かつ発言や質問していない参加者がほとんどいない場合は、その人たちを指名して、発言してもらう。「本日、ほとんどの方に発言していただきましたが、まだ数名の方が発言していません。せっかくの機会ですから、何かご発言いただければと思いますが」などと、司会者が誘導する。

❷ 課題を共有する

質疑応答を終了するにあたり、参加者とともに課題について共有する。「では、これで質疑応答を終了します。本日いただいたご質問をまとめますと、主に3点が課題であったと考えております。1つは、…（略）。これらは、宿題とさせていただき、今後検討させていただきたいと思います」などと、総括する。

テーマから外れたら、軌道修正する

　参加者からの質問には、当初、自治体が予想もしなかったような内容もあります。そして、そうした内容で議論が発展しまうこともあります。まさに不測の事態とも言えます。

　例えば、議論の内容がテーマから大きく外れてしまう場合です。保育園への指定管理者導入がテーマだとして、参加者である保護者から、「現在の市の保育士の○○さんは、最近表情が暗く心配だ」などの意見が出てくるようなことがあります。そして、その後、他の保護者からも賛同する声が出たり、「私は、△△さんのほうが心配だ」などと、テーマからどんどんずれて、話が盛り上がってしまうのです。

　保護者からすれば、日頃、保育園が主催している保護者会に参加している意識で、何気なく発言したつもりなのかもしれません。しかし、あくまで説明会のテーマは指定管理者制度の導入ですので、説明会としては軌道修正する必要があります。

　こうしたときは、現場の保育園長が**「そのことは、後で聞きますね。今日は、テーマが別ですから」**などと参加者を促す必要があります。

気がつかなかった視点の指摘に感謝

　テーマに関係する内容であっても、事前には自治体では問題と思わなかった論点について、議論が盛り上がってしまう場合もあります。

　これには、大きく２つのパターンがあり、１つは確かに重要な問題であり、自治体側で見落としてしまった場合です。こうした際は、素直に「この点については、気がつきませんでした。ご指摘ありがとうございます」などと述べ、参加者の議論を見守ります。もちろん、質問があれば、できる範囲で回答します。

　もう１つは、あまりテーマに影響のないことであったり、議論してもあまり生産的でなかったりする内容です。こうした場合には、別な質問を聞くなど、やはり議論を軌道修正することが求められます。

第６章　これでOK！　住民からの質問や苦情への対応　141

第7章

ここが重要!
ワークショップ特有の
ポイント

1 ワークショップとは何か

一方的な説明でなく、職員も住民も同じ立場で議論する

ワークショップの実施例

テーマ	交流センターの整備計画の策定	将来の〇〇地区のまちづくりについて
参加者	関係団体、公募住民	町会長、公募住民
年齢層	10〜60代	20〜60代
参加人数	41名	1回目　25名 2回目　18名 3回目　17名
1グループの人数	10名程度	5〜9名
グループ数	4グループ	3グループ

ワークショップの概要

　住民説明会は、一般的に自治体が住民などに自治体の考えや主張を伝えた上で、参加者からの質問を受けるもので、どちらかというと一方的な説明になりがちです。これに対し、ワークショップは参加者が中心となって議論を行い、その成果を地域の現状把握、計画づくりなど、まちづくりに活かそうとするものです。自由に意見を言いやすい環境で議論が行われるため、参加者のコミュニケーションも深まります。

　1970年代後半に東京都世田谷区でまちづくりの技法として導入されたのが初めてといわれています。自治体、関係団体、住民などが同じ立場で議論を行い、課題に対する案をまとめるとともに、参加者が多様な議論を行うことで、意見の集約と共通認識を持つことができます。

　実際の課題としては、具体的な公共施設の整備のあり方の他、○○地区のまちづくりのような抽象的なものまで、さまざまです。

ワークショップの特徴

　ワークショップには、次の特徴があります。

　1つ目は、**「参加者主体」である**ことです。ワークショップは住民説明会と異なり講義型でなく、参加者自らが議論や視察を行うなど、参加体験型となります。

　2つ目は、**ファシリテーターがいること**です。ワークショップは、参加者はいくつかのグループに分かれて議論などを行います。その際、場の進行を促進するファシリテーターが、テーマの説明を行ったり、会話のきっかけを与えたりします。

　3つ目として、**とりまとめた案が、そのまま実施されるとは限りません。**自治体では、ワークショップの案を参考にしつつ、事業などを決定していきます。

第7章　ここが重要！　ワークショップ特有のポイント　　145

2 ワークショップの基本的な流れ

ワークショップにはいくつかのプロセスがある

ワークショップ開催までの注意点

❶参加者を公募する場合

テーマに関係ある住民や関係団体に、事前に十分に周知する

❷わかりやすい資料の作成

全体説明では、参加者に目的や基礎情報を的確に理解してもらうために、わかりやすい資料を作成する

❸公開や傍聴への対応

ワークショップを公開するのか、また傍聴を可とするのかを事前に決定しておく必要がある

■ 準備から締めくくりまでの7ステップ

ワークショップの基本的な流れは、以下のように行われます。

①内容の決定

ワークショップを開催することを決めたら、目的、対象者、スケジュールなどの内容を決定する。

②参加者の募集

特定の人に依頼する他、一般住民を公募する場合には、条件(対象の地域や年齢など)、人数などを決定する。

③グループ編成

ワークショップでは、一般的に1グループ6〜8人程度、グループ数は5〜8、全体の人数は30〜50人が適正規模と言われている。グループ編成を行う際には、居住地、年齢、男女などの属性に偏らないグループ分けが望ましい。

④全体説明

参加者全員にワークショップの目的、スケジュール、テーマに対する基礎情報の提供などを行う。

⑤自己紹介・討論

各グループに分かれ、それぞれの参加者が自己紹介を行うとともに、ファシリテーターが進行しながらテーマについて討論を行う。

⑥視察・専門家からの意見聴取

当該地域や施設の視察や、専門家からの意見聴取を行う。

⑦案のとりまとめ・発表

さらに討論を重ね、案をとりまとめ、発表する。

なお、開催日数は1日だけでなく、複数日開催されることもあります。ワークショップは参加者主体ですが、事務局である自治体が、しっかりと目的や進行方法などを明確に定めておくことが大切です。

第7章 ここが重要! ワークショップ特有のポイント　147

 # 効果的な参加者の募集

ワークショップは参加者主体だから、効果的な募集が大事

参加者募集の例

❶対象者の利用する場所にチラシを置く

- ■若者層…学校、カフェ等の商店など
- ■高齢者…福祉センター、図書館など
- ■子育て世代…保育園、子ども家庭支援センターなど

❷SNSの利用

- ■自治体のTwitter、Facebookなど

❸多くの人が利用する場所への掲示

- ■駅・大型商業施設など

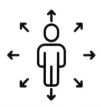

◤ どのような人に来てほしいかを明確にする

ワークショップの参加者を募集するにあたっては、どのような人に
参加してもらうかはとても重要です。テーマに興味を持ち、積極的に
参加してくれる人が望ましいことは、言うまでもありません。しかし、
実際に自治体がワークショップを開催する際には、残念ながらあまり
この点について工夫されていないようです。広報紙やホームページへ
の掲載など、お決まりの手法が一般的です。

ワークショップの参加者募集では、テーマに着目して参加者募集を
行うことが効果的です。

例えば、「将来の○○地区のまちづくりについて」など、地域に根
ざしたテーマであれば、その地域の住民や勤労者はもちろんのこと、
その地域で活動するNPO、ボランティア団体、町会、老人クラブ、
消防団などの各種団体、商店街、学校など、さまざまな場所への周知
が考えられます。

ワークショップを企画するときに、**どのような人に参加してほし
いかを明確にしておけば、どこに周知するべきかが見えてくる**はずです。

◤ 単にチラシを配るのでなく、出向いて説明する

また、そうしたターゲットとした人や団体への周知方法についても、
単に参加者募集のチラシを配付するだけでなく、職員自らが出向いて
説明することが効果的です。

どのような思いでこのワークショップを開催するのか、どのような
人に来てほしいのかを、例えばNPOなどが活動している場所や町会
の会合などに行って説明すれば、単にチラシを配付するよりも直接訴
えることができます。

実際に説明に行ってみると、「そもそも、ワークショップって何？」
と聞かれることもあります。こうしたことから会話が広がり、ワーク
ショップに興味を持ってもらえれば、参加も期待できます。

第7章 ここが重要！ ワークショップ特有のポイント　149

4 グループ編成にも一工夫する

議論が盛り上がるためにも、グループ編成は大事

くじでグループ分けを行う方法

❶各テーブルにグループ名を書いたくじを準備しておく

❷参加者にくじを引いてもらい、グループ分けを行う

❸毎回くじを引いてもらい、ワークショップの度にグループを変えることもある

属性でグループ編成を行う方法

　ワークショップでは、そのグループ編成がとても重要です。グループで議論や作業を行う際は、さまざまな人と語り合ったほうが参加者にとって新たな刺激となります。このため、知り合い同士を同じグループにしないように配慮します。**いろいろな価値観を持った人が議論を行ったほうが、参加者にとって共同作業も新鮮になる**からです。

　そこで、事前に参加者が判明している場合は、属性が偏らないグループ編成を心がけましょう。具体的には、性別、年齢、住所、職業、テーマとの関係性などを踏まえ、同じ属性の人が同一グループにならないように振り分けます。

　しかし、一方で、「大人と子供が一緒だと、互いに遠慮してしまい、盛り上がらない」というケースもあります。こうした場合、例えば子供だけのグループ、大人だけのグループのように、属性の同じ人でグループ編成を行うということも考えられます。この属性で考えるグループ編成については、どちらかというと前者のほうが多いのですが、後者を採用し、競争意識を持たせることもあります。

当日にグループ分けを行う場合

　事前にグループ編成を行わず、当日に決めることもあります。ワークショップ当日は、最初は知り合い同士が一緒に座っていることが一般的ですが、「お互い知らない人で、6人グループをつくってください」のように、参加者に促して、グループをつくってもらいます。

　ただ、初対面の人同士ではなかなかすぐにグループ編成ができない場合もあります。こうしたときは、ゲーム性を加えてグループ編成を行うと、効果的です。例えば、誕生日によるグループ分けなどがあります。「1月1日生まれから、12月31日までで、一列になってください」として、並んでもらってグループ分けを行うのです。こうすると、参加者同士が親しくなるきっかけにもなります。

第7章　ここが重要！　ワークショップ特有のポイント　　151

5 全体説明で参加者の意識を共有する

全体説明が、ワークショップの方向性を決める

全体説明の例

　では、今回のワークショップの概要について、ご説明します。
　今回のワークショップの目的は、「〇〇公園の再整備案を考える」です。

　現在、〇〇公園は遊具の老朽化、植樹の寿命などの問題があることから、本市では再整備を行うこととしました。
　そこで、どのような公園にしたらよいか、皆さんに再整備案を考えていただきたいと思います。
　ワークショップは全体で5回を予定しており、本日の内容は、公園の概要説明と皆さんが公園について感じていることを話し合っていただきます。

　では、まず公園の概要説明を行います。（説明略）
　次に、グループワークに移りますが、その前にワークショップのルールについて説明します。（説明略）

目的を明確にする

　ワークショップ冒頭では、参加者に対し全体説明を行います。ワークショップの目的や参加にあたってのルールなどを理解してもらい、参加者に意識を共有してもらいます。

　まず、目的は何なのかをはっきりとさせます。

　例えば、学校の改築がテーマであれば、改築によってどのような学校にしたいのかを参加者で話し合い、まとめていきます。この場合、「学校の機能」を中心に議論するのか、「施設のあり方」を中心とするのかなど、少し具体的な設定をすることもあります。

　結論は、参加者の自由な議論で決めていくことになるため、**自治体側で結論を誘導することは NG** です。また、ワークショップの場合、ときどき、一般の住民と自治体職員で対立構造が生まれてしまうのですが、そうならないように注意することも必要です。

　なお、主催者側で提供する情報やデータは参加者全員で共有します。グループが異なっても、持っている情報やデータなどは同一とし、グループによる情報格差などが生じないように注意します。

ワークショップ参加のルール

　次に、ワークショップ参加にあたってのルールについて説明します。参加者主体であるワークショップでは、すべての参加者がのびのびと活動・発言できることがとても重要です。このため、**①人の発言を批判しない、②人の話はよく聞く、③思いついたことは些細なことでも話す、④発言が長くならないように注意する、⑤明るく楽しく活動する**、この５つが基本的なルールです。

　特定の人が延々と話したり、まったく話さない人がいたり、人の意見を茶化したりすると、参加者のモチベーションも下がってしまいます。このため、こうしたルールについても参加者に最初に理解してもらうことが必要です。

第 7 章　ここが重要！　ワークショップ特有のポイント　153

参加者の自己紹介で盛り上がる

自己紹介でグループ内の空気を温める

課題入り自己紹介

共通の課題について必ず話す自己紹介。
メンバーの人柄がわかり、盛り上がる。

〈課題例〉
- 今だから話せる私の秘密
- 自分を動物に例えると
- ワークショップの時に、呼んでほしいあだ名
- 私のこだわり
- 今、ハマっていること

■ いろいろな自己紹介

グループワークを始める前には、自己紹介を行います。たかが自己紹介、されど自己紹介。グループ内のメンバーが打ち解け、今後の議論を活発にするために、一工夫しましょう。

具体的には、次のようなものがあります。

①積み木式自己紹介

初対面同士で名前を覚えるための自己紹介です。1番目の人が「○です」と名前を言い、2番目の人は「○さんの隣の×です」と言います。3番目の人は「○さんの隣の×さんの隣の△です」と続けます。全員で助け合いながら、最後の人まで続けると、人の名前を早く覚えられます。

②実は自己紹介

まず普通に自己紹介を行いますが、途中で「実は……」で始まる一言を入れてもらいます。この「実は」がひねりとなり、各人の意外な一面に参加者全員が興味を持ち、笑いも起こりやすくなります。

③他己紹介

グループ内の2人でペアになり、互いに相手のことを聞きます。その後、グループ全員にその人のことを紹介します。

④ヒーローインタビュー

グループ内の2人でペアになり、「自分が一番活躍したとき」のことを、互いにインタビューを行います。プロ野球のヒーローインタビューのようにどんどん盛り上げて聞き出していきます。

■ 共通点さがし

2人ペアで互いに自己紹介を行った後、共通するものを3点探してもらいます（男女などありきたりのものを除く）。これをすべてのメンバーと行うことで、グループ内のメンバーのことがよくわかります。

第7章 ここが重要！ ワークショップ特有のポイント　155

# ７ ファシリテーターは参加者の大事なガイド

自治体職員が行う場合には、ファシリテーターに徹しよう

職員がファシリテーターを
行う場合のポイント

❶参加者が主体的に発言できる環境をつくる

❷テーマから外れないように議論の行方を見守る

❸振り返りや論点整理を行うなど議論の方向性を確認する

❹明るい雰囲気をつくる

❺行政対住民のような対立構造をつくらない

■ ファシリテーターの役割

ファシリテーターとは、参加者の話し合いがスムーズに行われるよう支援や助言を行う役割の人を言います。

ワークショップ全体に置かれる人を「総合ファシリテーター」、各グループに置かれる人を「テーブルファシリテーター」「グループファシリテーター」などと呼ぶことがあります。いずれにおいても、参加者の持っている力を十分に引き出すことが求められます。

最も大きな役割は、参加者がテーマに従って効果的に作業が進められるようにガイドすることです。具体的には、**参加者に発言を促す、議論の参考となる点をアドバイスする、時間の管理を行う、論点を整理する、情報を集約する**、などがあります。

ワークショップではあくまで参加者が主体ですから、ファシリテーターが出しゃばったり、自分の意見を述べたりするのは問題です。また、ファシリテーターが関連する事業者の職員にして、議論を事業者の思惑の方向へと導くようなことがあってはいけません。

■ ファシリテーターを行うときに注意すること

自治体の職員がワークショップでファシリテーターを行う場合には、次の5つに留意しましょう。

①参加者が主体的に発言できる環境をつくる
②テーマから外れないように議論の行方を見守る
③振り返りや論点整理を行うなど議論の方向性を確認する
④明るい雰囲気をつくる
⑤行政対住民のような対立構造をつくらない

最後の⑤は、特に注意が必要です。「市としてどのように考えているのですか」などと質問されると、職員は役割を忘れて、つい説明してしまいがちです。しかし、あくまで参加者の意見を引き出すことが役割ですから、職員の立場とは切り離して考えましょう。

第7章 ここが重要! ワークショップ特有のポイント　157

8 ワークショップで用いられる手法

自由な発想、問題分析のためにいろいろな手法が用いられる

ワークショップで準備する道具

❶名札
スタッフと参加者分を準備する。
苗字でなく、あだ名などの表記でも可。

❷付箋
KJ法などでは正方形タイプが使いやすい

❸サインペン
複数の色があると便利

❹模造紙
情報の整理やグループ発表の際に活用

❺ホワイトボード
議論をまとめる際などに使用

発想法

自由な発想を広げるための手法には、次のものがあります。

①ブレインストーミング

ある問題について自由にアイデアを出し合う方法で、①「批判をするな」（他人の意見を批判してはいけない）、②「自由奔放」（荒削りな考えを歓迎する）、③「質より量」（できるだけ多くのアイデアを出す）、④「連想と結合による発展」（他人の意見を聞いて連想を働かせ、他人の意見に便乗することを推奨する）という4原則があります。

②ワールドカフェ

カフェにいるような気軽さの中で、参加者がグループで自由に対話を行い、ときどき他のグループとメンバーを交代しながら話し合いを行います。相互理解が深まり、新しい発想や気づきが生まれます。

情報の分析

情報の分析などを行うときの手法には、次のものがあります。

①KJ法

文化人類学者の川喜田二郎氏が開発した問題解決の技法で、開発者のイニシャルをとってKJ法と言います。さまざまな情報をカード化し、同じ系統のものをグループ化することによって、情報の整理と分析を行い、そこから新たなアイデアや解決の糸口を見つけます。

②親和図法

意見やアイデアなどを関連するもので分類し、グループ化して整理・分析を行う手法です。多くのアイデアや情報を「意味の近さ」（親和性）に基づいてグループ化します。まず、テーマに関連した事実、意見、発想などをカードにまとめ、これを言語データとします。次に、複数の言語カードを1枚の親和カード（その言語カードの特徴などを示す名前を付ける）を作り、これにより親和図が完成します。最後に、親和図を大きくまとめた親和カードから順に文章を書いてまとめます。

第7章　ここが重要！　ワークショップ特有のポイント　159

現地視察で現場を知る

参加者が一緒に現地視察をすることで、経験を共有する

現地視察の際に事前配付する資料の例

❶タイムテーブル

視察当日の流れが一目でわかるもの、当日急な欠席の場合の連絡先や当日の持ち物なども記載

❷視察先の地図やパンフレット

施設で配付されるものなど

❸視察シート

①魅力と思った点、②課題と思った点、③疑問と思った点、④その他気づいた点などを項目とした参加者全員が使うシート

安全管理第一に行う

　ワークショップでは、テーマである現場を参加者が一緒に視察し、その現状を確認することがあります。現地視察の開催にあたっては、次の点に注意が必要です。

　第一に、**安全管理の徹底**です。視察ルートに危険な場所はないか、緊急時の対応や連絡体制などについて、事前に十分な確認が必要です。また、レクリエーション保険や看護師の同行なども検討します。

　電車やバスなどでの移動を伴う際には、必ず参加者数の確認を行うとともに、参加者の体調や状況にも注意します。また、交通機関の影響で到着が遅れることも考慮して、時間に余裕を持っておきましょう。

　第二に、**視察先との調整**です。説明の時間や内容について確認するとともに、質問への回答などにも対応してもらうよう、あらかじめ調整を行います。また、グループ別に視察する際には、どのような順番で実施するのか、コースをどうするのかなども確認しておきます。

参加者にシートを配付する

　第三に、**参加者が視察先で活用できるシートの作成**です。視察先で、単に担当者からの説明を聞いたり、施設を見たりしただけでは、視察の経験を後の議論に活かすことが難しくなります。

　そこで、①魅力と思った点、②課題と思った点、③疑問と思った点、④その他気づいた点などを項目とした、参加者が共通して使えるシートを活用すると効果的です。

　第四に、**コミュニケーションづくり**です。現地視察は、通常の会場でのワークとは異なります。このため、現地視察だけのグループ分けをして、参加者のコミュニケーションを活性化することも1つの方法です。ただし、あまりグループ分けにあまり時間はかけられませんから、くじなど簡単な方法がよいでしょう。

第7章　ここが重要！　ワークショップ特有のポイント　161

# テーマに対する案をまとめ、発表する

最後の発表で、参加者は一体感・達成感を味わう

主催者からの締めくくりの挨拶

❶ワークショップ参加へのお礼

❷各グループの案へのコメント

❸案に対する今後の活用方法

❹テーマについての今後のスケジュール

❺自治体へのさらなる協力への依頼

発表用のシートは統一する

　ワークショップの最後には、テーマに対する案を取りまとめ、発表します。通常、グループ別に発表を行います。主な注意点は、以下のとおりです。

　第一に、発表用のシートを統一化することです。必要な項目としては、①タイトル（事業名）、②事業目的、③事業内容、④実施体制、⑤スケジュール、⑥経費、⑦実施にあたっての課題などです。

　これらは「絶対この内容でないといけない」わけではなく、**いわゆる6W2H（いつ、どこで、誰が、誰に、何を、なぜ、いくら、どのように）を明確にしておけば十分**です。なお、各グループにいるファシリテーターは、事前に各グループの発表する項目などに、大きなズレがないか、確認しておきます。

　発表にあたっては、模造紙にまとめたり、ホワイトボードを活用したりしますが、最近ではパワーポイントなどのプレゼンテーションソフトを活用することも多いようです。

各グループの発表を聞き、全体で討論する

　第二に、各グループの発表です。一般的に、「1グループあたり5分」など時間を定めて、各グループは発表を行います。あまり時間がない場合は、発表者は1人として、発表終了後、他のメンバーから補足があれば行ってもらいます。

　なお、各グループの発表後、他の参加者から質問があれば受け付けます。この段階で、各案に対する議論を行うこともあります。

　第三に、各グループ発表後の全体討論です。この全体討論は、すべての案に対して自由に討論する方法と、1つ1つの案について討論する方法があります。後者の方法であれば、他のグループのメンバーによる案のブラッシュアップが期待できます。なお、案に対して順位を付けるわけではないので、優劣を論じる必要はありません。

第7章　ここが重要！　ワークショップ特有のポイント　**163**

第8章

仕上げが大事!
終了後の
まとめかた

1 開催結果をまとめて、保存する

住民説明会等が終了したら、結果をまとめる

ワークショップの開催記録の公表例

❶ワークショップの名称

❷対象となる事業の概要

❸開催日時及び開催場所、参加人数

❹議題

❺ワークショップの概要
- 集約された意見等の概要
- 上記に対する担当部署の考え方

❻参加者への配付資料
⇒これらについて、市ホームページに掲載するとともに、担当部署で閲覧可能とする

◤ 担当部署では記録を保存して、次に活かす

　住民説明会・ワークショップともに、実施した場合には開催結果をまとめます。住民説明会やワークショップの記録は、自治体だけでなく住民にとっても貴重な記録になります。**参加できなかった住民にもその様子がわかるように、記録しておく**ことが必要です。

　担当部署では、主に次の内容・項目を整理して保存しておきます。①開催日時、②開催場所、③参加者数、④名簿、⑤当日配付資料、⑥当日の説明内容、⑦質疑応答、⑧参加者へのアンケート、⑨開催に至るまでの経緯、⑩その他（ワークショップでまとめた案や反省点など）、です。

　各自治体では、こうした資料について保存年限が決められていることが一般的ですが、年限で廃棄するのはもったいないことです。スキャナーなどで読み込み、電子保存をしておくと、今後同様の説明会やワークショップを開催する後任者にとっては大変助かります。なお、自治体によっては「市民参加ガイドライン」などのような内規を持っており、どのような形で保存すべきを規定している場合もありますので、念のため確認しておいたほうがよいでしょう。

◤ 保存のことを考え、事前に対応を決めておく

　また、保存のことを見据えた上で、住民説明会等の企画段階で検討しておくべき事項が見えてきます。例えば、会議の内容の録画・録音、事前申込制による参加者氏名の把握などです。

　すべての住民説明会を映像で残す必要はありませんが、参加者との激しい議論が予想される住民説明会であれば、録画も考えられます。また、ワークショップの様子を上層部に見てもらうために録画することもあります。

　いずれにしても、企画の段階でどこまで保存するかを明確にしておくことが重要です。

# 2 開催結果の報告

開催結果を議会や庁内で報告する

住民説明会の開催結果の公表例

❶説明会の名称

❷対象となる事業の概要

❸開催日時、開催場所、参加人数

❹議題

❺説明会の概要（要点）

❻配付資料

❼その他（アンケート結果など）
　⇒これらについて、市ホームページに掲載するとともに、担当部署で閲覧可能とする

■ 議会への報告

　開催結果は、保存するだけでなく、議会や庁内に報告する場合があります。さらには、ホームページ等に掲載する場合もあります。

　議会に対しては、開催日時・場所・参加者数・議題・当日の主な意見などを、A4判1枚にまとめて報告するのが一般的です。ポイントは、**「何人の住民が参加したのか」「どのような住民（年齢など）が出席したのか」「住民の意見にはどのようなものがあったのか」**など、議員が知りたいことが一目でわかる簡潔な資料を作成すること。通常は、所管する委員会で報告します。

　また、行政計画を策定する場合には、「中間のまとめ」や「素案」がまとまった段階で、住民説明会を開催するのが一般的です。そして住民説明会と併せてパブリックコメントも実施されます。このため、議会に報告する場合には、住民説明会の結果とともに、パブリックコメントの内容も説明します。

　なお、パブリックコメントについては、住民説明会を開催した部署ではなく、その他の部署が回答していることもあります。このため、パブリックコメント全体で見ると、回答全体で温度差が生じているようなことがありますので、とりまとめを行う部署では注意が必要です。

　なお、「最終案」をとりまとめたのであれば、「中間のまとめ」や「素案」からどの部分が変更したのかを説明します。

■ 庁内用の報告

　次に、庁内用です。庁内用は、上司への報告や所管する会議（審議会や委員会など）に提出するため、作成します。議会用とまったく同じ資料にする場合もありますが、当日に出された意見をすべて掲載するようなこともあります。

　首長もその結果を気にしていますので、庁議などでは、上層部が見てわかりやすい資料にすることが重要です。

3 議事録の作成方法

逐語版と要点版の2種類がある

議事録を参加者が確認する例

自治体と保護者との懇談会などの場合、保護者代表者が確認した上で、議事録を公開することも

 なぜかというと

「行政が一方的に作成した議事録を勝手に公表するのはおかしい」という意見が出てくる場合があるから

どうするかは両者で話し合って決める

逐語版の議事録

　住民説明会の議事録は、大きく逐語版と要点版の２つに区分できます。どちらか一方がよいということではなく、説明会のテーマなどを勘案して、適した方法を選択します。事務局としては、どちらで作成するかをあらかじめ決めておきます。

　逐語版は、発言のすべてを記録するものです。一般的には、会議を録音して、後でテープおこし（文章化）します。職員がすべてテープおこしをすることもありますが、時間がかかるため、録音したファイルを速記会社などに渡して、作業を依頼することもあります。

　また、現在ではそうした会社の社員に会議に入ってもらい、録音の準備からテープおこしまですべてを委託することもあります。なお、こうした場合には、誰が発言したかよくわからないことがあるため、発言冒頭に名乗ってもらっているようです。

　なお、逐語版の場合、微妙なニュアンスが文章に反映できないことがあります。例えば、「新たに○○会議を設置したいと思います」との発言に対して「いいんじゃないの」という発言があったとします。

　この場合、「設置はよい」という意味なのか、「設置しなくてもよいのでは」という２つの意味のどちらかなのか、文字だけは判断できません。このため、最終的に議事録をチェックする職員が、文言通りに議事録にするのでなく、「（設置しなくても）いいんじゃないの」などといった具合に、補正する場合もあります。

要点版は職員が作成する

　要点版は、まさに要点だけをまとめます。職員がその場で発言を書き留めておくことが多いのですが、その場で録音だけしておいて、後で要点のみまとめるという場合もあります。

　長時間の説明会では要点をまとめるのは、案外大変なのですが、若い職員にはよい経験になります。

第８章　仕上げが大事！　終了後のまとめかた　171

4 意見の反映と運営の検証

住民意見も運営も次に活かすことが重要

住民説明会・ワークショップのPDCAサイクル

❶PLAN（企画・計画）
- 住民説明会等の計画を立案する
  （日時、場所、対象者、資料、議題、機材など）
- 職員の役割分担を決める

❷DO（実施）
- 住民説明会等を実施する
- わかりやすい説明を心がける

❸CHECK（点検）
- 住民説明会等の成果等を検証する

❹ACTION（行動）
- 反省点・改善点を修正する

住民意見などをどのように反映するのか、しないのか

　住民説明会でもワークショップでも、そこで出た住民意見や案を、実際にどのように施策や事業に反映するのかが問われます。アリバイづくりのために住民説明会などを開催したわけではありませんので、住民意見には真摯に対応することが必要です。

　しかし、それらを事業などにすべて反映することは、通常は不可能です。そもそも住民意見の中には、対立する内容も含まれることもあるからです。このため、最終的には自治体としてどのように判断するのかを明確にする必要があります。パブリックコメントと同様に、説明会で出された意見について、自治体としてどのように考えるのかを明記することもあります。

　あくまで最終的には自治体の判断になりますが、住民説明会やワークショップは、住民などの意見を直接聞くことができる貴重な機会です。今回、**反映できなかった意見についても、単にそれで終わらせることなく、職員としては留意しておくべきでしょう。**また、組織としても意見を忘れずにストックしておき、今後の事業に活かせるように仕組みづくりを行っておくことが必要です。

運営の検証も忘れない

　最後に、住民説明会やワークショップの運営の検証を行います。担当した職員で話し合いを行い、「今回の住民説明会の反省点は何か」「次回実施した場合、どのような点が改善できるか」を明確にしておきましょう。これらのノウハウは貴重ですので、担当職員一人ひとりが認識するとともに、やはり担当部署である組織として、そのノウハウをストックしておくことが大切です。

　住民説明会やワークショップについても、PDCAサイクルが重要です。反省点や改善点を明確にして、次に活かすことができれば、よりよい住民参加が期待できます。

第8章　仕上げが大事！　終了後のまとめかた　　**173**

●著者紹介

秋田　将人 （あきたまさと・筆名）

基礎自治体の管理職。
これまで保育、防災、教育、福祉事務所などの現場から、人事、企画、
財政、議会などの内部管理部門まで幅広く勤務。専門紙への投稿や研修
講師なども行う。著書に『残業ゼロで結果を出す　公務員の仕事のルー
ル』『ストレスゼロで成果を上げる　公務員の係長のルール』（ともに学
陽書房）がある。

これでうまくいく！
自治体の住民説明会の進め方

2018年10月26日　　初版発行

著　者　秋田　将人

発行者　佐久間重嘉

発行所　学 陽 書 房

〒102-0072　東京都千代田区飯田橋1-9-3
営業部／電話　03-3261-1111　FAX　03-5211-3300
編集部／電話　03-3261-1112
http://www.gakuyo.co.jp/
振替　00170-4-84240

ブックデザイン／スタジオダンク　DTP製作・印刷／精文堂印刷
製本／東京美術紙工

©Masato Akita 2018, Printed in Japan
ISBN 978-4-313-15094-2 C0034
乱丁・落丁本は、送料小社負担でお取り替え致します

JCOPY 〈出版者著作権管理機構 委託出版物〉
本書の無断複製は著作権法上での例外を除き禁じられています。
複製される場合は、そのつど事前に、出版者著作権管理機構（電話
03-3513-6969、FAX 03-3513-6979、e-mail: info@jcopy.or.jp）の
許諾を得てください。

◎好評既刊◎

議会にまつわる101の悩み・疑問にズバリ解決策を示す！

「一般質問の通告内容が理解できない」「従来の答弁と方向性を変えることになった」「議員の一方的な主張を柔らかく否定しなければならない」など議会で起こる問題に、経験豊富な元副市長が実体験をもとに解決策を示す！

公務員が議会対応で困ったら読む本

田村一夫［著］
A5判並製／定価＝本体2,500円＋税